Licht für die Welt

Sonja Poppe

Licht für die Welt

Vom Sinn der Weihnacht

EVANGELISCHE VERLAGSANSTALT
Leipzig

Sonja Poppe, Jahrgang 1980, studierte Evangelische Theologie, Religionspädagogik und Deutsch für das Lehramt an Gymnasien. Seit abgeschlossenem Referendariat arbeitet sie als freiberufliche Lektorin, Autorin und Kolumnistin für verschiedene Buchverlage und Zeitungen. Außerdem schreibt sie für das Internetportal »evangelisch.de« und betreut Social-Media-Projekte. Ihre thematischen Schwerpunkte liegen im kulturellen, kirchlichen und religiösen Bereich. Sonja Poppe lebt und arbeitet nahe Osnabrück.

Bibliographische Information der Deutschen Nationalbibliothek
Die Deutsche Nationalbibliothek verzeichnet diese Publikation in der Deutschen Nationalbibliographie; detaillierte bibliographische Daten sind im Internet über http://dnb.dnb.de abrufbar.

© 2015 by Evangelische Verlagsanstalt GmbH · Leipzig
Printed in Germany · H 7949

Das Buch wurde auf alterungsbeständigem Papier gedruckt.

Gesamtgestaltung: Ulrike Vetter, Leipzig
Umschlagbild: Konrad von Soest: Christi Geburt (Teil des Flügelaltars in der Stadtkirche Bad Wildungen, 1403) © akg-images
Druck und Binden: Grafisches Centrum Cuno GmbH & Co. KG, Calbe

ISBN 978-3-374-04124-4
www.eva-leipzig.de

Wird Christus tausendmal zu Bethlehem geboren
und nicht in dir: Du bleibst doch eigentlich verloren.
Erweitere dein Herz, so gehet Gott darein.
Du sollst sein Himmelreich, er will dein König sein.

Angelus Silesius

Vorwort

Wie schnell doch ein Jahr vergeht. Von Kindern gespannt erwartet, stellt das Weihnachtsfest die Erwachsenen vor so manche Herausforderung. Schon wieder wollen Geschenke gekauft, Plätzchen gebacken, und Weihnachtsfeiern organisiert werden. Und zu guter Letzt stehen dann auch noch die Familienbesuche auf dem Plan.

Weihnachten ist eines der emotionsgeladensten Feste überhaupt. Jedes Jahr aufs Neue machen sich Hoffnungen und Sehnsüchte, das Bedürfnis nach Familienidylle, einem romantisch geschmückten Heim und köstlichen Naschereien breit. In vielen Familien ist die Advents- und Weihnachtszeit die einzige Zeit im Jahr, die noch von festen Ritualen geprägt und mit Symbolen fast überladen ist. Da gibt es den Adventskranz, an dem Woche für Woche eine Kerze mehr entzündet wird, und an Weihnachten dann den leuchtenden Weihnachtsbaum, Stollen, Spekulatius und das Weihnachtsfestessen. Die Familie kommt zusammen, vielleicht musiziert man sogar oder erzählt Geschichten von Weihnachtssternen und verschneiten Landschaften, vom Weihnachtsmann und der Vorfreude auf die Geschenke.

Auch wenn Einkaufsstress und Erwartungsdruck manch einen wünschen lassen, der Trubel möge bloß schnell vorbeigehen – kalt lässt dieses Fest wohl kaum jemanden.

Was aber suchen die Menschen an Heiligabend plötzlich in den zum Bersten gefüllten Kirchen, in denen an normalen Sonntagen ja oft gähnende Leere herrscht? Klar, an Weihnachten feiern Christen den Geburtstag Jesu. Die unzähligen Krippen in Kirchen und unter heimischen Weihnachtsbäumen zeigen ja, was damals geschehen sein soll: Ein

Kind, geboren in einem Stall. Doch was ist daran so besonders, dass es die Menschen bis heute bis ins Innerste zu bewegen vermag? Was feiern wir da eigentlich und welche Bedeutung haben all die Bräuche und Symbole der Weihnachtszeit?

Seit Jahrhunderten sind Künstler diesen Fragen nachgegangen, die viele Menschen heute gar nicht mehr so recht beantworten können. Maler und Schriftsteller haben ihr Verständnis von Weihnachten in stimmungsvolle Bilder und Texte gebannt. Mit einer kleinen Auswahl solcher Werke lädt dieses Buch zur Suche nach dem wirklichen Wesen der Weihnacht ein.

Sonja Poppe
Holzhausen, im Mai 2015

Inhalt

Einleitung

Ein Ochs kennt seinen Herrn
und ein Esel die Krippe seines Herrn;
aber Israel kennt's nicht,
mein Volk versteht's nicht.

Jesaja 1,3

FAMILIENIDYLL IM STALL

Der Stall, die Heilige Familie, Ochs und Esel und rechts im Hintergrund ein Hirte mit seinen Schafen und ein Engel, der vom Himmel herabschwebt – auf diesem Bild ist alles zu sehen, was auch heute noch unbedingt zu einer »ordentlichen« Weihnachtskrippe dazugehört. So stellt man sich das gerne vor: Maria mit dem Jesuskind auf einem reich gepolsterten Lager. Der etwas verfallene Stall eher romantische Kulisse als Notunterkunft.

Über 600 Jahre ist es alt, dieses farbenfroh in Rot-, Gelb-, und Blautönen erstrahlende Weihnachtsbild des westfälischen Malers Konrad von Soest. Und doch wirkt es beinahe modern mit dem im Vordergrund knienden Josef, der – ganz Hausmann – einen Brei für Maria und seinen Stiefsohn zubereitet.

Kein Wunder, dass ausgerechnet dieses Gemälde als Coverbild ausgewählt wurde, obwohl das spätgotische Altarbild eher Maria in den Mittelpunkt stellt als das Jesuskind, dessen Geburtstag ja an Weihnachten gefeiert wird. Der neugeborene Sohn wendet sich ihr zu und küsst sie – Konrad von Soest war der erste Maler hierzulande, der diese Szene so innig darstellte. »Heilige Maria« steht in lateinischer Sprache auf ihrem Heiligenschein. Mutter und Kind anbetend, umgibt im Rot des Hintergrunds eine Engelsschar ihren Kopf. Ochs und Esel schauen selig ihr Futter verzehrend zu. An Weihnachten tut ein solch friedlliches Bild den Menschen gut, schließlich sind Geburtstage ja Freudenfeste.

Das Gemälde ist heute in der Stadtkirche in Bad Wildungen zu bewundern. Es weist neben aller Idylle auch darauf hin, wie sehr die Vorstellungen vom idealen Weihnachtsgeschehen durch zeittypische Vorlieben bestimmt werden. Andere Motive und Symbole wiederum überdauern Jahrhunderte und gehören bis heute dazu. Im späten Mittelalter erlebte die Marien- und Heiligenverehrung ihren Höhepunkt, die Menschen glaubten, zu Gott und Jesus selbst keinen direkten Zugang zu haben. Deswegen wandte man sich mit seinen Anliegen an Heilige als Vermittler – eine Praxis, die Martin Luther später heftig kritisierte. Konrad von Soest jedoch hebt die besondere Rolle Marias in seinem Weihnachtsbild deutlich hervor.

Joseph dagegen wird durch seine Tätigkeit und den zurückgeschlagenen Mantel damals für alle als Ziehvater kenntlich gemacht – er ist der sogenannte Nährvater Jesu, der ihn nach mittelalterlicher Vorstellung adoptieren wird, indem er ihn »unter den Mantel nimmt«. Noch heute erkennt man ihn auf dieser Darstellung gleich als treusorgenden Patchworkvater.

Dass Konrad von Soest hier nicht irgendein Familienidyll festhält, sondern das Weihnachtsgeschehen, wird spätestens klar, wenn man den Stall und die Krippe, den Schafhirten, Ochs und Esel und die Engel betrachtet. Es sind diese jahrhundertealten Motive, die bis heute sofort Weihnachtsgefühle zu wecken vermögen.

WIE DAS WEIHNACHTSFEST
ERFUNDEN WURDE

Das Weihnachtsfest ist inzwischen das bekannteste und beliebteste christliche Fest. Doch dass wir Weihnachten feiern, ist gar nicht so selbstverständlich, wie es heute erscheinen mag. Denn der christliche Glaube könnte auf Weihnachten eigentlich auch verzichten. Und tatsächlich ist Weihnachten eines der letzten Feste, das in den christlichen Festkalender aufgenommen wurde. Das älteste und auch das theologisch wichtigste Fest der Christen ist Ostern. Weihnachten ist nur vor diesem Hintergrund richtig zu verstehen: Erst mit dem Wissen um Jesu Botschaft, sein Leben, sein Sterben und seine Auferstehung, lässt sich erahnen, was das für ein Kind ist, dessen Geburtstag wir an Weihnachten feiern.

Zur Zeit Jesu interessierte man sich zudem grundsätzlich wenig für die Geburt eines Menschen. Wurde jemand berühmt, spielten nach seinem Ableben eher die Todesumstände eine Rolle in der Erinnerung der Mitmenschen. So war es auch bei den Christen der ersten Generation. Die Evangelisten Markus und Johannes, aber auch Paulus interessierten sich überhaupt nicht für die Geburt Jesu – für sie standen allein Jesu Botschaft und vor allem seine Auferstehung im Mittelpunkt.

Matthäus und vor allem Lukas dagegen müssen sich wohl gedacht haben, dass ein so wichtiger Mensch, der Sohn Gottes, doch nicht einfach irgendwie zur Welt gekommen sein kann. In Anlehnung an die Geburts- und Kindheitsgeschichten bekannter Männer rankten sich dagegen auch um die Geburt Jesu schon die unterschiedlichsten Legenden. Und außerdem gab es da ja auch noch Hinweise aus dem Alten Testament, das die Geburt eines Retters vorhergesagt hatte. Diese Hinweise griffen Matthäus und Lukas auf und schufen daraus die bis heute bekannten Weihnachtsgeschichten von der Geburt Jesu in einem Stall in Betlehem oder von den drei Weisen aus dem Morgenland, die das Jesuskind besuchen kamen.

Diese Erzählungen sind Legenden, die symbolisch vor Augen führen, dass das Kind, das da geboren wurde, von Beginn an etwas ganz Beson-

13

deres war – Gott selbst ist den Menschen durch Jesu Geburt ganz nahegekommen, Jesus musste der von den alten Propheten angekündigte Retter sein.

Besonders gefeiert wurde Jesu Geburtstag trotzdem lange nicht. Erst Ende des vierten Jahrhunderts, als sich das Christentum schon weit ausgebreitet hatte, kam man auf die Idee, einen Festtag daraus zu machen. Da niemand Jesu Geburtsdatum kannte, konnte der 25. Dezember als Geburtstag Christi von der Kirche festgelegt werden. Das war sehr praktisch, denn in vielen heidnischen Kulten, gegen deren Konkurrenz sich das Christentum damals behaupten musste, wurde zu dieser Zeit das Wintersonnenwendfest gefeiert. Die Römer feierten am 25. Dezember zudem den Geburtstag ihres Sonnengottes – ein beliebter und im Jahr 274 von Kaiser Aurelian zur Staatsreligion erklärter Kult. Die Kirche brauchte also auch ein Fest im Dezember und legte Jesu Geburtstag kurzerhand ebenfalls auf den 25. Dezember.

Die Lichtsymbolik der Sonnenkulte wurde schnell auf das Weihnachtsgeschehen übertragen und zeigt sich noch heute – nicht nur in den hell erleuchteten Weihnachtsbäumen.

Doch Christen feiern eben nicht nur die wieder länger werdenden Tage, die eine neue Ernte und damit das Überleben im nächsten Jahr möglich machen. Die Hoffnung, die im christlichen Weihnachtsfest aufleuchtet, geht weit darüber hinaus: Gott liebt die Menschen so sehr, dass er ihnen ganz nah sein will. So nah, dass er in Jesus sogar selbst Mensch wird, um ihnen zu zeigen, dass seine Liebe über alle Grenzen des irdischen Lebens hinausreicht.

Übrigens – Wie Ochs und Esel in die Krippe kamen

Ochs und Esel, die wohl bekanntesten Nebendarsteller weihnachtlicher Szenerien, dürfen seit frühchristlicher Zeit auf fast keinem Weihnachtsbild und in keiner Krippe fehlen. Eher fehlen da schon mal Maria und Josef. So vertraut scheinen einem diese Tiere neben der Krippe mit dem Jesuskind, dass man fast überzeugt ist, sie würden auch in der wohl bekanntesten biblischen Geschichte, der Weihnachtserzählung des Evangelisten Lukas, erwähnt.

Doch schlägt man einmal nach, stellt man erstaunt fest: Lukas schreibt zwar von der Futterkrippe, Ochs und Esel jedoch erwähnt er genauso wenig wie sein Kollege Matthäus.

Die Tiere haben es auf einem Umweg bis in unsere Weihnachtskrippen hinein geschafft: Einige Erzählungen über Jesu Geburt, die nicht in die Bibel aufgenommen wurden, zitieren den alttestamentlichen Propheten Jesaja (1,3), bei dem zu lesen ist: »Ein Ochs kennt seinen Herrn und ein Esel die Krippe seines Herrn; aber Israel kennt's nicht, mein Volk versteht's nicht.« Dieser Spruch passt perfekt zum Weihnachtsgeschehen, dachte man sich wohl. Denn auch in dem kleinen Jesuskind da im Stall wird nicht jeder sofort Gottes Sohn erkannt haben. Stellte man aber Ochs und Esel neben die Krippe, wurden auch der letzten Schlafmütze die Augen geöffnet – zumindest, wenn sie den alten Spruch kannte.

Wenn Gott die Marie zum Werkzeug erwählt,
wenn Gott selbst in der Krippe von Bethlehem
auf die Welt kommen will, so ist das nicht
eine idyllische Familienangelegenheit,
sondern es ist der Beginn einer völligen Umkehrung,
Neuordnung aller Dinge dieser Erde.

Dietrich Bonhoeffer

Dunkel und Licht

Da redete Jesus abermals
zu ihnen und sprach:
Ich bin das Licht der Welt.
Wer mir nachfolgt,
der wird nicht wandeln
in der Finsternis.

Johannes 8,12

DAS GEHEIMNIS DES LICHTS

Friedlich schlummernd, fest in weiße Tücher und in
sanften Lichtschimmer gehüllt, liegt es da in einem
strohgepolsterten Korb – das Jesuskind. Maria und
Josef, zwei Schäfer, eine Schäferin und ein Schaf haben sich um das Neugeborene versammelt. Der
Schäfer lächelt verlegen und greift an seinen Hut,
während die anderen die Szene in großer Ruhe in
sich aufzunehmen scheinen. Ganz im Hier und
Jetzt versunken hat Maria die Hände zum Gebet
zusammengelegt. Ihr rotes Gewand strahlt leben-

Georges de La Tour (1573–1652) Anbetung der Hirten, Louvre Paris

17

dige Wärme aus. Liebevoll blickt Josef auf das Kind, während das Schaf vorwitzig ein paar Halme aus dem Strohbettchen zupft.

Was ist das für ein Licht, das von dem selig schlafenden Kind auszugehen scheint? Erst bei näherem Hinsehen erkennt man, es ist eine Kerze, die den ansonsten stockfinsteren Raum erhellt. Josef hält sie in seiner Rechten und schirmt die hohe Flamme mit seiner Linken zum Betrachter hin ab.

Georges de La Tour (1573–1652) war lange Zeit im Dunkel der Kunstgeschichte untergegangen. Von ihm ist kaum mehr bekannt, als dass er ein recht eigenwilliger Zeitgenosse gewesen sein muss, der seine Mitmenschen durch rücksichtsloses Verhalten und seine zahlreichen Hunde verunsicherte, die die Felder seiner Nachbarn verwüsteten. Erst Anfang des letzten Jahrhunderts begann man seine Gemälde wiederzuentdecken, die zuvor anderen Barockmalern zugeordnet worden waren. Im Kontrast zum offenbar recht aufbrausenden Wesen des Künstlers strahlen seine Werke, in denen er sich immer wieder mit der Wirkung von Licht und Schatten auseinandersetzt, eine fast meditative Ruhe aus.

Das Spiel mit dem Licht war ein verbreitetes Thema in der Malerei der Barockzeit. Auch in religiösen Bildern trat die Lichtsymbolik oft in den Mittelpunkt. Viele Künstler, darunter auch Rubens und Rembrandt, ließen in weihnachtlichen Krippenszenen das Jesuskind wie von innen heraus strahlen.

Diese auf heutige Betrachter recht kitschig wirkende Darstellungsweise brach Georges de La Tour auf, indem er die Frage nach dem Geheimnis des Lichts an den Betrachter zurückgab. Anders als in den Gemälden seiner Kollegen liefert de La Tour mit der Kerze eine natürliche Erklärung für das Licht. Da der Betrachter die von Josefs Hand verdeckte Flamme jedoch nicht gleich erkennt, bleibt es ihm überlassen, zu entscheiden, was das mystisch anmutende Leuchten in die Szene bringt. Ist es wirklich nur das Kerzenlicht oder strahlt in dem friedlich schlummernden Jesuskind etwas Göttliches auf?

MARIA RÖSSLER

Licht kann man verschenken

Noch vor nicht allzu langer Zeit lebte in einem kleinen Dorf, inmitten der hohen Berge, ein freundliches Volk. Die Menschen, die dort lebten, hatten ständig ein Lächeln auf den Lippen, und um ihre Augen hatten sie kleine Lachfalten, die wie Sonnenstrahlen aussahen. Auf diese Weise wirkten sie sehr nett und offen. Wenn sich einmal ein Fremder in dieses Dorf verirrte, wurde er mit Freuden aufgenommen und fürstlich bewirtet. Niemals war ein lautes Wort oder Streit zu hören. Auch Tränen flossen nie. Es schien, als habe dieses Dorf die Freude und das Glück für sich gepachtet.

Doch diese Fröhlichkeit hatte ihren Grund. Niemals sah man einen der Menschen ohne eine Kerze durch das Dorf ziehen. Überall nahmen sie ihre leuchtenden Flammen mit. Es waren sehr schöne Kerzen, die die Kinder phantasievoll verzierten. Wenn sich auf dem Marktplatz mehrere Menschen trafen, erstrahlte der Platz in hellem Schein. Dieses warme Licht lockte noch mehr Menschen an und im Nu war eine große Schar versammelt. Weil dieses Volk die Gemeinschaft liebte, begannen sie oft zu singen und zu tanzen. So feierten sie mitunter mitten am Tag ein fröhliches Fest, das erst spät am Abend zu Ende ging.

Wenn die Menschen glücklich und müde in ihre Häuser zurückkehrten, trugen sie eine neue Kerze bei sich. Denn die Freunde und Nachbarn beschenkten sich jeden Tag mit einem kleinen Licht. Trafen sie beim Einkaufen oder Spazierengehen einen Bekannten oder Verwandten, erfreuten sie sich gegenseitig mit den schön verzierten Kerzen der Kinder. Auf diese Weise erstrahlten selbst die Häuser in dem kleinen Dorf in hellem Glanz. Niemals ging eine Flamme aus, weil täglich ein neues Lichtlein hinzukam. Kranke und alte Menschen, die ihre Stuben nicht mehr verlassen konnten, erhielten viel Besuch. Die Gäste brachten immer besonders schöne Kerzen mit, um damit die Schmerzen und Traurigkeit dieser Menschen zu vertreiben.

Doch hoch oben auf dem Gipfel des weißen Berges wohnte ein kleiner alter Mann. Seit vielen Jahren lebte er dort ganz alleine. Er wollte keinen Menschen bei sich haben, damit er seine Hütte, sein Bett und sein Brot mit niemandem teilen musste. Er wollte ganz alleine sein. Jeden Abend saß er auf dem Bänkchen vor seiner Hütte und schaute hinunter ins Tal. In der Dämmerung sah er die vielen hübschen Lichtlein leuchten. Dabei dachte er: Was für eine Verschwendung! Dann und wann machte sich der alte Mann auf den Weg ins Dorf, um Vorräte einzukaufen. Dann schlich er schnell und grimmig um die Ecken der Häuser, damit ihn keiner sehen und mit einer Kerze beschenken konnte. Eines Tages aber entdeckte ihn ein kleines Mädchen, das im Garten hinter dem Haus spielte. Es freute sich über den alten kleinen Mann so sehr, dass es ihm eine ihrer schönsten Kerzen schenkte. »Diese Kerze habe ich extra für dich gemacht. Weil ich dich so selten sehe, trage ich sie schon sehr lange in meiner Tasche. Endlich kann ich sie dir geben«, sagte das kleine Mädchen zu dem Mann. »Pah!«, erwiderte der Alte. »Behalte deinen Stummel. Ich mag ihn nicht. Du musst sowieso beim Schenken vorsichtig sein. Wenn du all deine Leuchten hergibst, hast du bald keine mehr. Dann wird es ganz dunkel und kalt in deinem Haus. Ich rate dir, keine Kerzen mehr zu verschenken.«

Nach diesen Worten verschwand der kleine Mann wieder in den Bergen. Doch wie ein Lauffeuer verbreitete sich sein Ratschlag im Dorf. Und man glaubt es kaum, aber die Menschen begannen, sparsamer mit ihren Kerzen umzugehen. Anfangs beschenkten sie noch ihre engsten Freunde, doch auch diese Gaben nahmen von Woche zu Woche ab. Der kleine alte Mann konnte von seiner Bank aus alles jeden Abend beobachten. Von Tag zu Tag verlor das Dorf mehr an Glanz. Immer weniger Flammen erleuchteten die Häuser. Auch die Menschen veränderten sich. Das Strahlen ihrer Gesichter wechselte in böse Grimassen. Auf den Straßen und Plätzen versammelten sich keine Gruppen mehr, um Geschichten zu erzählen. Auch die Lieder verstummten, und an das letzte Fest konnte sich schon keiner mehr erinnern. Jeder hatte es eilig, wieder nach Hause zu kommen, um seine letzte Flamme zu hüten.

So saßen alle einsam und traurig in ihren dunklen Stuben und gaben auf ihre kleine schwache Kerze Acht. Doch es passierte, was passieren musste. Auch diese Flammen erloschen und letztendlich brannte nur noch eine einzige Leuchte im ganzen Dorf. Aber auch diese flackerte schon und ging eines Nachts still und heimlich aus. Plötzlich wurde es stockfinster und eiskalt.

All diese Ereignisse beobachtete der kleine Mann. Auf einmal überkam ihn eine große Traurigkeit. Kein einziges Lichtlein entdeckte er mehr unten im Dorf. Das wollte er auch wieder nicht, denn insgeheim hatte er sich über den hellen Schein und die freudigen Lieder der Menschen im Tal gefreut. Da erinnerte er sich an das dicke Buch, das er vor vielen Jahren in seiner schweren Truhe verstaut hatte. Nachdem er den Einband von Staub befreit hatte, begann er aufmerksam zu lesen. Er las viele Geschichten, die von einem Mann erzählten, der Licht und Wärme in eine kalte dunkle Welt brachte. Als der Alte das Buch ausgelesen hatte, lief er schnell in den Wald und sammelte trockenes Holz. Noch an diesem Abend wollte er ein großes Feuer anzünden, um dem Volk im Tal ein Zeichen zu senden. Nach Einbruch der Dämmerung war es so weit: Er steckte mit einem Streichholz den Holzstoß an. Riesige Flammen schlugen zum Himmel hinauf und verbreiteten einen lodernd-hellen Schein. Viele kleine Funken sprangen aus der Glut, weil der alte Mann ständig Zweige und Äste nachlegte.

Unten im Dorf konnte man das helle Feuer sehen. Neugierig kamen alle Menschen aus ihren Häusern und schauten erstaunt zum Gipfel des hohen Berges. Sie konnten ihren Augen nicht trauen, dass gerade von der Hütte des alten grimmigen Mannes ein solcher Glanz ausging. Eilig rannten sie in ihre Häuser und suchten alle Fackeln, Laternen und Kerzen zusammen, die sie finden konnten. Gemeinsam machten sie sich auf den weiten Weg zum Gipfel. Schon während des Aufstieges begannen die Menschen wieder miteinander zu reden. Als sie endlich oben angelangt waren, entzündeten sie alle mitgebrachten Leuchten an dem goldenen Feuer. Dadurch entstand ein riesiges Lichtermeer, das eine wunderbare Wärme verbreitete. Aus lauter Glück fingen alle an zu singen und zu tanzen. So vergingen viele Stunden, und mit großer Freude und Begeisterung erzählten sie sich von den schönen Festen, die sie einst feierten. Erst als das Feuer niedergebrannt war, machten sie sich wieder auf den Heimweg. Müde, aber überglücklich über das wiedergefundene Licht, kamen sie in den frühen Morgenstunden im Tal an. Sofort schenkten sie ihre Kerzen an die Kranken und Alten, die den weiten Weg nicht mitgehen konnten, weiter. Und auf einmal kehrten auch die Sonnenstrahlen in ihre Gesichter zurück. In den folgenden Tagen hörte man wieder das fröhliche Lachen und Geschwätz in den Straßen und auf den Plätzen. Keiner saß mehr alleine zu Hause. Jeder war unterwegs, um seinen alten Freunden und Bekannten eine Freude zu bereiten. Sehr viele Kerzen wurden in den ersten Tagen weitergegeben. Es ist kaum zu glauben, aber die Lichter gingen niemals aus. Denn mit jedem verschenkten Licht ging ein neues auf und dadurch erstrahlte das Dorf alsbald in seinem alten Glanz. Was jedoch mit dem kleinen alten Mann auf dem Gipfel des weißen Berges geschehen ist, weiß heute keiner mehr.

SEHNSUCHT NACH LICHT

Vor der Verbreitung des elektrischen Lichts seit dem Ende des 19. Jahrhunderts waren die Nächte finster. Die Dunkelheit zwang die Menschen zur Ruhe. Nur kleine Öllichter oder das Ofenfeuer hielten die Geister der Nacht vor den Türen, wenn man sich abends noch kurz zusammensetzte. Im Winter ging man früh schlafen. In der Dunkelheit ruhte die Arbeit.

Das ist noch keine 150 Jahre her und trotzdem kann man es sich heute kaum noch vorstellen, so selbstverständlich ist der Druck auf den Lichtschalter geworden, so selbstverständlich sind nachts taghell erleuchtete Straßen. Das Licht hat das Leben beschleunigt. Wo es immer hell ist, kann ununterbrochen gearbeitet werden. Der Mensch hat sich verfügbar gemacht, was einst nur am Himmel zu finden war, weit oben – da, wo man sich auch Gott vorstellte – oder im offenen Feuer, das man mit großer Sorgfalt hüten musste. Denn Flammen sind so zerstörerisch wie zart und vergänglich.

Heute zeigt das Licht der Großstädte längst auch Schattenseiten. Die Sterne sind nicht mehr zu sehen, klagen Astronomen. Es gibt Grenzwerte zur Beschränkung der Licht-Emission, denn Dauerbeleuchtung stört den Biorhythmus von Mensch und Tier. Das Licht raubt uns den Schlaf, bisweilen ist sogar die Rede von einer Verschmutzung der Umwelt durch zu viel Licht.

Als die Nächte noch dunkel waren, war den Menschen die Leben spendende Kraft des Lichts sehr viel bewusster. Die dunklen Winter waren Zeiten der Sehnsucht. Ängstlich hoffte man darauf, dass die Tage tatsächlich wieder länger wurden. Man sehnte sich nach der Sonne, die endlich wieder Pflanzen sprießen lassen und für frische Nahrung sorgen würde. Licht war ein kostbares Geschenk Gottes. Unzählige Sprachbilder zeugen von der Symbolkraft des Lichts in allen menschlichen Lebensbereichen. Die positiven Seiten des Daseins, Wärme, Erkenntnis, Liebe und Lebendigkeit, aber auch das Göttliche werden durch Lichtmetaphern zum Ausdruck gebracht. Dunkelheit hingegen steht für das Böse, Unterentwickelte, für Dämonen und Tod.

Es ist kein Zufall, dass das Weihnachtsfest in der dunkelsten Zeit des Jahres liegt – und zugleich fast überfrachtet ist von Lichtsymbolik. Was in unserer von Lichterketten und Reklametafeln überstrahlten Zeit oft untergeht, ist die Kostbarkeit und Zartheit, von der diese Symbole einst kündeten.

Wer sich in diesen Tagen die Zeit nimmt, das grelle Kunstlicht für eine Weile vor die Türen zu verbannen und Kerzenlicht auf sich wirken zu lassen, frönt damit keineswegs nur sentimentalen Gefühlsduseleien, sondern kann auch der Bedeutung des Weihnachtfests ein Stück näher kommen. Denn die Sehnsucht nach einem Hoffnungsschimmer in dunklen Zeiten ist auch unter lichtumfluteten Großstadtmenschen ungebrochen.

Kurz nach der Wintersonnenwende, wenn der Tag gerade beginnt, der Nacht die Oberhand wieder abzutrotzen, feiern Christen Gottes Menschwerdung. Ganz nah ist er uns – auch und gerade in dunklen Zeiten. Diese Vorstellung hat Menschen immer wieder Hoffnung gemacht. Hoffnung, so zart und doch wärmend wie eine Kerzenflamme, deren Licht die Angst vor den Dämonen der Nacht vertreibt und verspricht: Es wird wieder heller, das Leben geht weiter.

Segen sei mit dir,
der Segen strahlenden Lichtes,
Licht um dich her
und innen in deinem Herzen,
Sonnenschein leuchte dir
und erwärme dein Herz,
bis es zu blühen beginnt
wie ein großes Torffeuer,
und der Fremde tritt näher,
um sich daran zu wärmen.

Aus deinen Augen strahle
gesegnetes Licht,
wie zwei Kerzen
in den Fenstern eines Hauses,
die den Wanderer locken,
Schutz zu suchen dort drinnen
vor der stürmischen Nacht.

Wen du auch triffst,
wenn du über die Straße gehst,
ein freundlicher Blick von dir
möge ihn treffen.

Altirischer Segenswunsch

Individuelle Lichter

Kerzen selbst herzustellen oder zu gestalten ist nicht schwer. Im Internet finden Sie Anregungen für Groß und Klein mit mehr oder weniger Zeitaufwand. Hier eine Anleitung für die ganz Eiligen mit Sinn für schönen Duft:

Sie brauchen:
· Docht (aus dem Bastelmarkt)
· Bienenwachsplatten/Bienenwachs-Mittelwände (Bastelmarkt)
· eventuell: Cuttermesser, Lineal, Schneideunterlage; Föhn

Aus sogenannten Bienenwachs-Mittelwänden lassen sich im Handumdrehen wunderbar nach Honig duftende Kerzen rollen.
1. Wärmen Sie die Wachsplatte an der Heizung oder mit einem Föhn leicht an.
2. Legen Sie die Platte so vor sich hin, dass die kurze Seite zu Ihnen zeigt. Legen Sie den Docht an der kurzen Kante auf die Wachsplatte, so dass er auf beiden Seiten etwas übersteht und drücken Sie ihn auf dem Wachs fest, damit er nicht mehr verrutscht.
3. Rollen Sie die Platte zu einer festen Rolle zusammen und drücken Sie das Ende gut fest.
4. Falls die Kerze oben spitz zulaufen soll, schneiden Sie die Platte vorher mit einem Cuttermesser und einem Lineal an einer der langen Seiten entsprechend schräg zu.
5. Schneiden Sie den Docht am Kerzenboden ab und kürzen Sie das obere Ende auf etwa 8 mm.

Anregung: Verschenken Sie doch ein paar Ihrer Honiglichter an Menschen, die Sie im Alltagstrubel sonst oft übersehen!

Übrigens – Der Weihnachtsstern

Ein weiteres Lichtsymbol neben der Kerze ist der Stern. Als Stroh-, Zimt-, oder Herrnhuter Stern ist er aus kaum einer Weihnachtsdeko wegzudenken. Sie alle erinnern an den Stern, dem laut Matthäusevangelium die drei Weisen aus dem Morgenland gefolgt sein sollen, um das Jesuskind zu finden. Tatsächlich sollen um das Geburtsjahr Jesu herum mehrere besondere Sternenkonstellationen am Himmel zu sehen gewesen sein. Ob eine davon tatsächlich auf einen neuen »König der Juden« hingewiesen haben könnte, ist allerdings umstritten. Sicher ist jedoch, dass es damals üblich war, außergewöhnliche Himmelserscheinungen als Zeichen für künftige Ereignisse auf der Erde zu deuten. Menschen, wie die heute so märchenhaft anmutenden drei Weisen, gab es also wirklich. Und vielleicht hat ihre Beschäftigung mit dem Licht der fernen Sterne sie Gott tatsächlich ein Stückchen näher gebracht.

ZUM WEITERDENKEN

Hören: Ulrich Peters. Wie das Licht in die Welt kam. Verlag am Eschbach 2009
Hörbuch: Nacherzählung einer alten Weihnachts-Licht-Legende mit Flötenmusik von Hans-Jürgen-Hufeisen

Lesen: Hajo Düchting. Licht und Schatten. Vom Hell und Dunkel in der Kunst, Belser 2011
Verständlich geschriebenes, reich illustriertes Sachbuch über die Rolle des Lichts in der Kunst.

Surfen: www.lichtverschmutzung.de
Informationen und weiterführende Links zur dunklen Seite der künstlichen Erleuchtung unseres Planeten.

Geburt

Denn euch ist heute
der Heiland geboren,
welcher ist Christus,
der Herr.

Lukas 2,11

DAS WUNDER DER GEBURT

Nur ein heller Stern beleuchtet die Szene und bestrahlt das Köpfchen des Neugeborenen. Stolz hebt die Mutter das noch blutig-rote Kind in die Höhe, auch ihr Schoß ist noch ganz rot vom frischen Blut der Geburt. Fasziniert und liebevoll bestaunt sie, was da gerade zur Welt gekommen ist. Auch das Gesicht des Mannes im Hintergrund scheint zu glühen, selig, mit geröteten Wangen verfolgt er die Szene.

Kein Heiligenschein, keine Engelschöre – nichts stört die Intimität des so menschlichen wie göttlichen Augenblicks. Allein der Esel an der Futterkrippe und die Hirten im Hintergrund weisen darauf hin, wessen Geburt der Maler Emil Nolde hier ins Bild gesetzt hat. Bald schon wird dieses Menschenkind die ganze Welt verändern. Dieser erste Augenblick

Emil Nolde, Heilige Nacht (1912), Öl auf Leinwand

jedoch scheint allein denen zu gehören, die das Wunder der Geburt gerade durchlebt haben.

Die Wucht des groben Pinselstrichs und der leuchtenden Farben steht in merkwürdigem Kontrast zur Feinheit der Gefühle, die das Gemälde widerspiegelt. So gelingt es dem Expressionisten Emil Nolde, die Eindringlichkeit und die Zartheit des Augenblicks gleichermaßen einzufangen.

Das Gemälde gehört zu einer neunteiligen Zusammenstellung von Bildern mit dem Titel »Das Leben Christi«, die einem Altarwerk ähnlich angeordnet sind. Der Maler selbst hielt seine religiösen Bilder für das Beste, was er je geschaffen hatte. Obwohl nicht sehr religiös, hatte er schon als Kind viel in der Bibel gelesen und sich die Geschichten in leuchtenden Farben ausgemalt. »Die biblischen Bilder sind intensive Jugenderinnerungen, denen ich als Erwachsener Form gebe«, erklärte er, »die Vorstellungen des Knaben von einst, als ich während der langen Winterabende tief ergriffen alle Abend in der Bibel lesend saß, wurden wieder wach. Es waren Bilder, die ich las, reichste orientalische Phantastik. Sie wirbelten in meiner Vorstellung immerzu vor mir hoch, bis lange, lange danach der nun erwachsene Mensch und Künstler sie, wie in traumhafter Eingebung, malte und malte.«

Nolde wollte die Geschichten nicht einfach illustrieren, er erlebte sie in seiner Erinnerung nach und bannte die dabei aufkommenden Empfindungen auf die Leinwand. Diese subjektive Herangehensweise war es, die die besondere Faszination aber auch das zur Entstehungszeit Anfang des vergangenen Jahrhunderts verschreckend Neue der Bilder ausmachte. Seine religiösen Bilder brachen mit der Tradition christlicher Malerei und stießen lange auf Ablehnung und Unverständnis. Den Menschen gefiel religiöse Kunst, die ohne Rücksicht auf Dogmen und Traditionen allein eigenen Empfindungen entsprang, zunächst gar nicht. Bilder hatten der religiösen Andacht zu dienen und den Sehgewohnheiten der Betrachter zu entsprechen. Man konnte doch den Gottessohn nicht einfach wie ein blutiges Etwas darstellen, das dem Mutterschoß gerade erst entglitten war!? Noldes Gemälde störten die überlieferten Sehgewohnheiten absichtlich und schienen auf den ersten Blick keinerlei Respekt vor der Besonderheit der religiösen Motive erkennen zu lassen.

Das Kindchen in den Händen der Mutter wirkt wie jedes andere Neugeborene, Maria und Josef scheinen froh und stolz wie alle Eltern. Emil Noldes Weihnachtsbild kommt ohne das übliche Drumherum aus, ohne Gloriolen und Putten. Nichts unterscheidet dieses Kind von allen anderen. Und doch verändert dieser Augenblick alles – für die Eltern und für die ganze Welt. Gottes Nähe zeigt sich eben nicht in Goldglanz und Pastellfarben, sondern in den Wundern des alltäglichen Lebens.

Die drei dunklen Könige

Er tappte durch die dunkle Vorstadt. Die Häuser standen abgebrochen gegen den Himmel. Der Mond fehlte, und das Pflaster war erschrocken über den späten Schritt. Dann fand er eine alte Planke. Da trat er mit dem Fuß gegen, bis eine Latte morsch aufseufzte und losbrach. Das Holz roch mürbe und süß. Durch die dunkle Vorstadt tappte er zurück. Sterne waren nicht da.

Als er die Tür aufmachte (sie weinte dabei, die Tür), sahen ihm die blassblauen Augen seiner Frau entgegen. Sie kamen aus einem müden Gesicht. Ihr Atem hing weiß im Zimmer, so kalt war es. Er beugte sein knochiges Knie und brach das Holz. Das Holz seufzte. Dann roch es mürbe und süß ringsum. Er hielt sich ein Stück davon unter die Nase. Riecht beinahe wie Kuchen, lachte er leise. Nicht, sagten die Augen der Frau, nicht lachen. Er schläft.

Der Mann legte das süße, mürbe Holz in den kleinen Blechofen. Da glomm es auf und warf eine Handvoll warmes Licht durch das Zimmer. Die fiel hell auf ein winziges rundes Gesicht und blieb einen Augenblick. Das Gesicht war erst eine Stunde alt, aber es hatte schon alles, was dazugehört: Ohren, Nase, Mund und Augen. Die Augen mussten groß sein, das konnte man sehen, obgleich sie zu waren. Aber der Mund war offen, und es pustete leise daraus. Nase und Ohren waren rot. Er lebt, dachte die Mutter. Und das kleine Gesicht schlief.

Da sind noch Haferflocken, sagte der Mann. Ja, antwortete die Frau, das ist gut. Es ist kalt. Der Mann nahm noch von dem süßen, weichen Holz. Nun hat sie ihr Kind gekriegt und muss frieren, dachte er. Aber er hatte keinen, dem er dafür die Fäuste ins Gesicht schlagen konnte. Als er die Ofentür aufmachte, fiel wieder eine Handvoll Licht über das schlafende Gesicht. Die Frau sagte leise: Kuck, wie ein Heiligenschein, siehst du? Heiligenschein!, dachte er, und er hatte keinen, dem er die Fäuste ins Gesicht schlagen konnte.

Dann waren welche an der Tür. Wir sahen das Licht, sagten sie, vom Fenster. Wir wollen uns zehn Minuten hinsetzen. Aber wir haben ein Kind, sagte der Mann zu ihnen. Da sagten sie nichts weiter, aber sie kamen doch ins Zimmer, stießen Nebel aus den Nasen und hoben die Füße hoch. Wir sind ganz leise, flüsterten sie und hoben die Füße hoch. Dann fiel das Licht auf sie. Drei waren es. In drei alten Uniformen. Einer hatte einen Pappkarton, einer einen Sack. Und der dritte hatte keine Hände. Erfroren, sagte er, und hielt die Stümpfe hoch. Dann drehte er dem Mann die Manteltaschen hin. Tabak war drin und dünnes Papier. Sie drehten Zigaretten. Aber die Frau sagte: Nicht, das Kind. Da gingen die vier vor die Tür, und ihre Zigaretten waren vier Punkte in der Nacht. Der eine hatte dicke umwickelte Füße. Er nahm ein Stück Holz aus einem Sack. Ein Esel, sagte er, ich habe sieben Monate daran geschnitzt. Für das Kind. Das sagte er und gab es dem Mann. Was ist mit den Füßen? fragte der Mann. Wasser, sagte der Eselschnitzer, vom Hunger. Und der andere, der dritte? fragte der Mann und befühlte im Dunkeln den Esel. Der dritte zitterte in seiner Uniform: Oh, nichts, wisperte er, das sind nur die Nerven. Man hat eben zu viel Angst gehabt. Dann traten sie die Zigaretten aus und gingen wieder hinein.

Sie hoben die Füße hoch und sahen auf das kleine schlafende Gesicht. Der Zitternde nahm aus seinem Pappkarton zwei gelbe Bonbons und sagte dazu: Für die Frau sind die.

Die Frau machte die blassen Augen weit auf, als sie die drei Dunklen über das Kind gebeugt sah. Sie fürchtete sich. Aber da stemmte das Kind seine Beine gegen ihre Brust und schrie so kräftig, dass die drei Dunklen die Füße aufhoben und zur Tür schlichen. Hier nickten sie nochmal, dann stiegen sie in die Nacht hinein.

Der Mann sah ihnen nach. Sonderbare Heilige, sagte er zu seiner Frau. Dann machte er die Tür zu. Schöne Heilige sind das, brummte er, und sah nach den Haferflocken. Aber er hatte kein Gesicht für seine Fäuste.

Aber das Kind hat geschrien, flüsterte die Frau, ganz stark hat es geschrien. Da sind sie gegangen. Kuck mal, wie lebendig es ist, sagte sie stolz. Das Gesicht machte den Mund auf und schrie.

Weint er? fragte der Mann.

Nein, ich glaube, er lacht, antwortete die Frau.

Beinahe wie Kuchen, sagte der Mann und roch an dem Holz, wie Kuchen. Ganz süß.

Heute ist ja auch Weihnachten, sagte die Frau.

Ja, Weihnachten, brummte er, und vom Ofen her fiel eine Handvoll Licht auf das kleine schlafende Gesicht.

DAS WORT WARD FLEISCH

»Und das Wort ward Fleisch und wohnte unter uns«, dieses alte Zitat aus dem Johannesevangelium (1,14) klingt heute ziemlich befremdlich. Johannes wollte damit zum Ausdruck bringen, dass etwas, das zuvor höchstens als Idee im Verborgenen schlummerte, plötzlich ganz weltlich-real und für uns begreifbar wurde.

Der unsichtbare, ferne Gott sagt »Ja« zu den Menschen. Er liebt sie so sehr, dass er ihnen durch die Geburt Jesu ganz gleich wird. Wie jedes andere Kind auch kommt er als hilfloses Neugeborenes auf die Welt – noch dazu in einem Stall, nicht mit großem Brimborium in irgendeinem Palast. Bis heute lassen sich an Weihnachten unzählige Christen jedes Jahr aufs Neue von diesem Wunder berühren.

Wer schon Geburten miterlebt hat, weiß, dass sich in jeder Geburt ein Fünkchen dieses Weihnachtswunders spiegelt. Da entsteht quasi aus dem Nichts ein Leben, eine Persönlichkeit wird sich entwickeln, noch liegt die Zukunft ganz offen vor ihr, genau wie vor dem kleinen Jesuskind in der Krippe. In diesem Moment zählt nur der Augenblick.

Auch Künstler und traditionelle Handwerker können sich unter dem alten Bild von der »Fleischwerdung« sicher viel vorstellen. Dinge selbst zu gestalten, aus dem Nichts etwas zu schaffen, was sich mit anderen teilen lässt, kann eine wundervolle Erfahrung sein.

Weihnachten lehrt das Staunen angesichts solcher Wunder des Alltags, das in einer Zeit der vorgeplanten Karrieren und vorgefertigten Konsumgüter oft viel zu kurz kommt. Fast alles liegt fertig zum Kauf bereit, nur selten bekommt man noch mit, wie etwas entsteht. Und die Geburt und den Lebensweg ihrer Kinder möchten viele Menschen heutzutage bis ins Kleinste vorausplanen. Kaum etwas bleibt dem Zufall überlassen. Viele trauen sich überhaupt nicht mehr, selbst kreativ zu werden, geschweige denn Kinder in die Welt zu setzen – es könnte ja etwas schiefgehen. Und außerdem die ganze Anstrengung und Verantwortung – wie unbequem!

Weihnachten dagegen erinnert daran, dass Gott selbst »Ja« sagt zu diesem Risiko, das zu jedem Leben dazugehört. Er selbst »wird Fleisch« in dieser Geburt. Ein ganz normales Leben mit allen Höhen und Tiefen, Glücksmomenten und Schmerzen steht dem kleinen Jesuskind bevor. Etwas von dem Potenzial, das in dem Kindlein dort im Stall steckt und die Menschen jedes Jahr aufs Neue fasziniert, trägt jeder von Geburt an in sich. Würde es sich nicht lohnen, öfter mal einen Schritt ins Ungewisse zu wagen, um es auszuschöpfen?

geburt

ich wurde nicht gefragt
bei meiner zeugung
und die mich zeugten
wurden auch nicht gefragt
bei ihrer zeugung
niemand wurde gefragt
außer dem Einen

und der sagte
ja

ich wurde nicht gefragt
bei meiner geburt
und die mich gebar
wurde auch nicht gefragt
bei ihrer geburt
niemand wurde gefragt
außer dem Einen

und der sagte
ja

Kurt Marti

Kreativ werden

Gerade in der Advents- und Weihnachtszeit, in der man es sich
gerne zu Hause gemütlich macht, bieten sich unzählige Gelegen-
heiten, selbst kreativ zu werden: Plätzchen backen, die Wohnung
dekorieren oder Weihnachtskarten gestalten und vieles mehr. Eine
schöne und unaufwendige Möglichkeit, Ideen und Gedanken zur
Geburt zu verhelfen, ist das sogenannte Kreative Schreiben.
Dabei geht es nicht darum, plötzlich zum Schriftsteller zu werden,
sondern einfach um die Freude am Entstehungsprozess und den
oft erstaunlichen Ergebnissen.

Hier eine einfache Anregung für den Einstieg:

Elfchen

Diese kleine Gedichtform aus elf Wörtern macht Erwachsenen wie
Kindern gleichermaßen Freude. Die Form des Gedichts ist festgelegt, der Schreiber braucht es also nur noch mit Inhalt zu füllen:

Zeile 1	1 Wort	Zeitangabe, Gegenstand, Gedanke, Geruch, Farbe	Schnee
Zeile 2	2 Wörter	Etwas Besonderes daran	pudrig leicht
Zeile 3	3 Wörter	Wo oder wie ist es? Was tut es?	fällt er herab
Zeile 4	4 Wörter	Was gibt es noch zu sagen?	draußen ist es kalt
Zeile 5	1 Wort	Ein Abschluss	Kerzenschein

Anregung: Weihnachtliche Themen eignen sich perfekt als Anlass
für Weihnachts-Elfchen. Nutzen Sie diese Weihnachts-Elfchen
doch zur Gestaltung ganz persönlicher Weihnachtskarten.

Übrigens – Die Jungfrauengeburt

Da ist ja noch die Sache mit der Jungfrauengeburt. Jesus sei »geboren von der Jungfrau Maria«, bekennen Christen bis heute. Nach katholischer Lehre handelt es sich dabei um ein Glaubensmysterium, das man nicht logisch verstehen muss. Geht man der Sache aber einmal religionswissenschaftlich nach, bemerkt man bald, dass Jungfrauengeburten auch in anderen Religionen keine Seltenheit sind. Diese Vorstellung bringt einfach zum Ausdruck, dass etwas Göttliches in die Welt gekommen ist. Die Evangelisten berufen sich außerdem auf eine alte Prophezeiung, in der es heißt, dass einst ein Mädchen einen besonderen Sohn gebären werde. In der griechischen Übersetzung wurde das Mädchen dann zu einer jungen Frau oder auch Jungfrau.

Über Maria lässt sich auf biblischer Grundlage also nur sagen: Sie war Jung-Frau, ein Mädchen, das unerwartet schwanger wurde.

Das christliche Bekenntnis zur Jungfrauengeburt möchte ursprünglich weniger etwas über Maria aussagen, sondern vor allem die besondere Bedeutung Jesu betonen. An seiner Geburt wirkten Gott und Maria mit: Jesus ist zugleich menschlich und göttlich.

Hören: Rafik Schami. Die Geburt – Für das Lächeln eines Kindes: Hörbuch: Zwei Weihnachtsgeschichten, steinbach sprechende Bücher 2010
Die Geburt: eine moderne Geburtsgeschichte mit Weihnachtsfaktor, gelesen von Moritz Stoepel.

(Vor-)Lesen: Zsuzsa Bánk. Schwarzwaldsepp. Auch eine Weihnachtsgeschichte, edition chrismon 2012
Eine etwas andere Weihnachtsgeschichte zum Vorlesen und Selberlesen für Kinder ab sechs.

Surfen: homilia.de/category/meth/
Neben Tipps zur Predigtvorbereitung bietet diese Seite vor allem eine reiche Methodensammlung zum Kreativen Schreiben.

Familie

Und sie fanden beide,
Maria und Josef,
dazu das Kind
in der Krippe liegen.

Lukas 2,16

FAMILIENWEIHNACHT

Da steht der Reformator umgeben von seiner Familie unter dem leuchtenden Weihnachtsbaum und
streckt segnend seine Hand über sie aus. Oder diri-
giert er etwa den Gesang der drei ältesten Kinder?
Das Jüngste schmiegt sich schlummernd an Katha-
rinas Brust, während die anderen mit dem Vater
musizieren. Geschenke scheint es auch schon gegeben zu haben, der Zweitjüngste spielt zu Füßen
seiner Mutter mit Ziehpferdchen und Anhänger.
Auf dem Tisch steht ein Festmahl bereit, auch der

Heiligabend im Hause Luther, Stich nach einem Gemälde von Bernhard Plockhorst, 19. Jahrhundert

Baum ist reich geschmückt mit Leckereien, und in der Tür drängen sich die Gäste.

Na klar, so muss es gewesen sein bei Luthers zu Weihnachten, möchte man meinen. Ist Weihnachten nicht schon immer das Familienfest schlechthin gewesen? Da braucht man sich doch nur an die Mutter-Vater-Kind-Idylle im Stall zu erinnern.

Ganz so war es jedoch nicht. Der Stich, der die lutherische Familienweihnacht so eindrücklich ins Bild setzt, entstand nicht zu Luthers Zeit, sondern erst drei Jahrhunderte später, im 19. Jahrhundert, nach einem Entwurf des Malers und Grafikers Bernhard Plockhorst. Der vor allem auf romantisch-verklärende Jesus- und Schutzengel-Darstellungen spezialisierte Künstler war überzeugter Protestant. Kein Wunder, dass er das zu seiner Zeit aufkommende Interesse an der Person Luthers und am privaten Familienleben aufgriff und miteinander verband. Er und einige seiner Kollegen schufen mit solchen sich schnell verbreitenden Bildern die bis heute lebendige Vorstellung von der Idealen Familienweihnacht.

Zu Luthers Zeit nämlich und noch lange darüber hinaus fand Weihnachten eigentlich nur in den Kirchen statt. Ein besonderes Familienfest gab es nicht. Auch Geschenke gab es damals nicht an Weihnachten, sondern am Nikolaustag.

Auch wenn die Luthers wohl nicht genau so gefeiert haben, wie es die Bilder aus dem 19. Jahrhundert zeigen – Martin Luther trug wesentlich dazu bei, dass Weihnachten überhaupt zum Familienfest wurde. Als der ehemalige Mönch schließlich doch heiratete und eine Familie gründete, begann er sich auch Gedanken darüber zu machen, wie man Kindern die Bedeutung des Weihnachtsfestes nahebringen könnte. Das konnte nicht nur in der Kirche, sondern musste vor allem in der Familie geschehen. Am besten mit einem großen Fest, das den Kindern die Freude über die Geburt Jesu vermittelte; mit einem Festmahl, Geschenken, Musik und einem von den Kindern aufgeführten Krippenspiel.

Ob es bei Luthers schon einen Weihnachtsbaum gegeben hat, ist umstritten. Damals war es eher üblich, an Weihnachten Obstbaumzweige oder die Zweige anderer Laubbäume zum Blühen zu bringen.

Und auch Luthers Ideen für ein familiäres Weihnachtsfest setzten sich erst im Laufe der Jahrhunderte durch.

Das Ideal der idyllischen Familienweihnacht unterm Tannenbaum jedenfalls entwickelte sich im 19. Jahrhundert. Bilder wie das von Bernhard Plockhorst prägen bis heute unsere Vorstellungen von einem gelungenen Weihnachtsfest. Ob zu Recht oder zu Unrecht – das kann jeder für sich selbst entscheiden.

JOACHIM RINGELNATZ

Der Weihnachtsbaum

Es ist eine Kälte, dass Gott erbarm!
Klagte die alte Linde,
Bog sich knarrend im Winde
Und klopfte leise mit knorrigem Arm
Im Flockentreiben
An die Fensterscheiben.
Es ist eine Kälte! Dass Gott erbarm!
Drinnen im Zimmer war's warm.
Da tanzte der Feuerschein so nett
Auf dem weißen Kachelofen Ballett.
Zwei Bratäpfel in der Röhre belauschten,
Wie die glühenden Kohlen
Behaglich verstohlen

Kobold- und Geistergeschichten tauschten.
Dicht am Fenster im kleinen Raum
Da stand, behangen mit süßem Konfekt,
Vergoldeten Nüssen und mit Lichtern besteckt,
Der Weihnachtsbaum.
Und sie brannten alle, die vielen Lichter,
Aber noch heller strahlten am Tisch
(Es lässt sich wohl denken
Bei den vielen Geschenken)
Drei blühende, glühende Kindergesichter. –
Das war ein Geflimmer
Im Kerzenschimmer!
Es lag ein so lieblicher Duft in der Luft
Nach Nadelwald, Äpfeln und heißem Wachs.
Tatti, der dicke Dachs,
Schlief auf dem Sofa und stöhnte behaglich.
Er träumte lebhaft, wovon war fraglich,
Aber ganz sicher war es indessen,
Er hatte sich schon (die Uhr war erst zehn)
Doch man musste's gestehn,
Es war ja zu sehn,
Er hatte sich furchtbar überfressen. –
Im Schaukelstuhl lehnte der Herzens-Papa
Auf dem nagelneuen Kissen und sah
Über ein Buch hinweg auf die liebe Mama,
Auf die Kinderfreude und auf den Baum.
Schade, nur schade,
Er bemerkte es kaum,
Wie schnurgerade
Die Bleisoldaten auf dem Baukasten standen
Und wie schnell die Pfefferkuchen verschwanden.
– Und die liebste Mama? – Sie saß am Klavier.
Es war so schön, was sie spielte und sang,
Ein Weihnachtslied, das zu Herzen drang.
Lautlos horchten die andern Vier.

Der Kuckuck trat vor aus der Schwarzwälderuhr,
Als ob auch ihm die Weise gefiel. –
Leise, ergreifend verhallte das Spiel.
Das Eis an den Fensterscheiben taute,
Und der Tannenbaum schaute
Durchs Fenster die Linde
Da draußen, kahl und beschneit
Mit ihrer geborstenen Rinde.
Da dachte er an verflossene Zeit
Und an eine andere Linde,
Die am Waldesrand einst neben ihm stand,
Sie hatten in guten und schlechten Tagen
Einander immer so liebgehabt.
Dann wurde die Tanne abgeschlagen,
Zusammengebunden und fortgetragen.
Die Linde, die Freundin, die ließ man stehn.
Auf Wiedersehn! Auf Wiedersehn!
So hatte sie damals gewinkt noch zuletzt. –
Ja daran dachte der Weihnachtsbaum jetzt,
Und keiner sah es, wie traurig dann
Ein Tröpfchen Harz, eine stille Träne,
Aus dem Stamme zu Boden rann.

SEHNSUCHT NACH HARMONIE

Weihnachten – kaum jemand, der beim Klang dieses Wortes nicht an die gespannte Vorfreude der Kindheit, an Zimtduft und Kerzenglanz denkt. Fest der Liebe, des Friedens und der Familie wird es genannt, und spätestens Anfang Dezember macht sich plötzlich diese erstaunliche Sehnsucht nach Harmonie breit. Sogar Einzelgänger träumen nun von Familienabenden im Kerzenschein. Plätzchen könnte man auch mal wieder backen und das Haus hübsch dekorieren. Die Freunde mit originellen Weihnachtskarten erfreuen, mit den Kindern basteln und singen. Noch immer sind nicht alle Geschenke besorgt, der Weihnachtsbaum fehlt auch noch. Und schon steckt man mitten im alljährlichen Weihnachtsstress, der jedes Mal aufs Neue in der mal ersehnten, mal gefürchteten Familienfeier endet – Harmonie, Besinnlichkeit und Frieden jedoch sind bis dahin oft längst vor der ganzen Hektik geflohen. Stattdessen machen sich in manchen Familien sogar Groll und Sprachlosigkeit breit, wenn sich im engen Wohnzimmer zwischen Weihnachtsbaum und Kindergerangel alle anschweigen, wie das ganze Jahr über.

Romantisierte Kindheitserinnerungen und die Flut an sentimentalem Weihnachtskitsch in Medien und Werbung nähren die Erwartung, dass Weihnachten um jeden Preis ein harmonisch-einträchtiges Fest sein sollte, noch zusätzlich. Vergessen wird dabei leicht, dass da Menschen mit ganz unterschiedlichen Interessen auf engem Raum zusammenkommen, die das Jahr über vielleicht nur selten Gelegenheit für Gemeinschaft und Austausch hatten. So stehen dem Wunsch nach Harmonie oft Unausgesprochenes und die unterschiedlichsten Gefühle gegenüber.

All die Dinge, die scheinbar zu einem perfekten Weihnachtsfest gehören, steigern den Druck nur. Weihnachtsbaum, Festessen, Kirchgang, Bescherung und Besuchsreisen sollen in wenigen Tagen reibungslos ablaufen. Doch ist das wirklich alles nötig – zumal sowieso jeder andere Vorstellungen vom perfekten Ablauf hat und man es nie allen recht machen wird?

Harmonie lässt sich nicht erzwingen, indem man sich und andere dazu treibt, Dinge zu tun, die einem gar nicht entsprechen. Wie von selbst stellt sie sich dagegen manchmal ein, wenn man sich einfach auf das konzentriert, was wirklich wesentlich ist. Dafür dürfen alte Traditionen und Rituale, die alle Beteiligten nur unter Druck setzen könnten, ruhig aufgegeben werden. Schon Paulus riet zum Thema Feste feiern: »Lasst uns das Fest feiern nicht im alten Sauerteig, auch nicht im Sauerteig der Bosheit und Schlechtigkeit, sondern im ungesäuerten Teig der Lauterkeit und Wahrheit« (1. Korinther 5,8). Legt den alten Sauerteig – all die überzogenen Erwartungen, die Uneinigkeiten und den Stress, die die Stimmung verderben würden – beiseite, fordert er, besinnt euch auf das Wesentliche und geht unvoreingenommen aufeinander zu!

Würden all diese großen Erwartungen doch nicht nur in die wenigen Weihnachtstage gepresst! Nähme man sich stattdessen das ganze Jahr über Zeit, wäre es nicht nötig, in den Weihnachtstagen etwas nachholen zu wollen, was nicht nachholbar ist. Ehrlichkeit, Echtheit und Gemeinschaft das ganze Jahr über wären dem Zusammenleben und der Verständigung bestimmt zuträglicher als ein Fest voller Stress und oberflächlicher Harmonie. Und an Weihnachten bliebe dann Zeit für das, was dieses Fest wirklich ausmacht.

Feiertage

Mutter ist nervös
Vater ist nervös
Kind ist nervös
Oma ist nervös
Oma ist gekommen
um Mutter zu helfen
Vater hat gesagt
sei nicht nötig gewesen
Kind steht im Weg
Mutter steht im Weg
Oma steht im Weg
Vater steht im Weg
Alle ham geschafft
mit allerletzter Kraft
Vater hat gebadet
Mutter hat gebadet
Kind hat gebadet
Oma hat gebadet
Alle ham gepackt
Und alle sind gerannt
Und schließlich hat
Der Baum gebrannt
Mutter ist gerührt
Vater ist gerührt
Kind ist gerührt
Oma ist gerührt

Und dann werden
Die Pakete aufgeschnürt
Mutter ist gekränkt
Vater ist gekränkt
Kind ist gekränkt
Oma ist gekränkt
Denn jeder hat dem anderen
Was Falsches geschenkt
Schwiegertochter kommt
Patentante kommt
Lieblingsbruder kommt
Großneffe kommt
Kuchen ist zu süß
Plätzchen sind zu süß
Marzipan ist zu süß
Und der Baum ist mies
Mutter ist beleidigt
Vater ist beleidigt
Kind ist beleidigt
Oma ist beleidigt
Friede auf Erden
Und den Menschen
ein Unbehagen
Vater hats am Magen
Mutter hats am Magen
Kind hats am Magen
Oma hats am Magen

Kann nichts mehr vertragen
Nach all diesen Tagen
Mutter ist allein
Vater ist allein
Kind ist allein
Oma ist allein
Alle sind allein
Doch an Ostern
Wollen alle
In jedem Falle
Wieder zusammensein.

Einander besser kennenlernen

Früher lebten die Generationen einer Familie meist viel näher zusammen als heute. An langen Winterabenden erzählte man sich nicht nur Geschichten, sondern auch Anekdoten aus dem eigenen Leben. Heute dagegen lässt man sich lieber von Handy oder Fernseher unterhalten. Oft weiß man nur noch recht wenig vom Leben der eigenen Eltern, Großeltern oder erwachsenen Kinder. Dabei wäre es doch viel interessanter, einander wieder besser kennenzulernen!
Eine schöne Möglichkeit dazu bieten sogenannte »Fragebücher« oder »Erinnerungsalben« (s. Literaturtipp), die durch überraschende und originelle Fragen zum Erzählen einladen. Noch persönlicher wird es natürlich, wenn man ein solches Büchlein selbst gestaltet. So entsteht ein sehr individuelles Geschenk, das von Interesse aneinander zeugt und das man vielleicht im nächsten Jahr prall gefüllt mit überraschenden Geschichten über Opas erste Liebe oder Mamas Kindheitsträume zurückbekommt.

Übrigens – Patchworkvater Josef

Auch Josef darf in fast keiner Weihnachtskrippe fehlen. Trotzdem bleibt er meist merkwürdig im Schatten. Dabei trug er damals wohl die Hauptverantwortung, um Jesus einen guten Start ins Leben zu ermöglichen – und das, obwohl Jesus ja bekanntlich gar nicht sein Sohn war. Viel weiß man nicht über den Mann der Maria. Zimmermann soll er gewesen sein, vermutlich hat Jesus dieses Handwerk später auch bei ihm gelernt. Josef hat es sich nicht leicht gemacht mit seiner Entscheidung für die Patchworkfamilie. Als er erfuhr, dass seine Verlobte schwanger war, ohne mit ihm geschlafen zu haben, habe er sich zunächst heimlich aus dem Staub machen wollen, erzählt der Evangelist Matthäus. Doch dann sei ihm im Traum ein Engel erschienen, der ihm gut zuredete. Daraufhin entschied sich Josef, zu Maria zu stehen. Von nun an kümmerte er sich liebevoll um die werdende Mutter und später auch um das Kind. Kurz nach Jesu Geburt rettete Josef seinem Stiefsohn sogar das Leben. Er floh mit Mutter und Kind nach Ägypten, um Jesus vor den Mordplänen König Herodes zu schützen.

Hören: Bald ist Weihnachten: Die schönsten Wintergeschichten von
Astrid Lindgren, Oetinger Media GmbH 2006
Etwas Nostalgie für kleine und große Kinder abseits des verbreiteten Familienchaos. Zum Hineinträumen in Astrid Lind-
grens bekannte Familienweihnachtswelten.

Erzählen: Im Buchhandel sind zahlreiche »Fragebücher« oder »Erinne-
rungsalben« passend für verschiedene Familienmitglieder oder
auch einfach an ein »Du« gerichtet erhältlich.
Zwei Beispiele:
Martin Gundlach. Erzähl mir dein Leben: Ein Fragebuch an
Oma und Opa. SCM Collection 2010
Elma van Vliet. Mama, erzähl mal. Das Erinnerungsalbum
deines Lebens. Knaur HC 2007

Surfen: Wer vor lauter Weihnachtsstress jedes Jahr aufs Neue den Kopf
verliert, findet im Internet viele Seiten mit Tipps für Familien-
frieden an Weihnachten. Zum Beispiel hier: www.coaching-
berlinblog.com/ 2013/12/12/familienfrieden-weihnachten/
Lassen Sie sich inspirieren, aber zwingen Sie sich nicht dazu,
alles auf einmal umzukrempeln. Damit würden Sie sich nur
erneut unter Druck setzen. Zwei bis drei Aspekte, die Ihnen

Pieter Bruegel der Ältere, Volkszählung in Bethlehem (1566), Öl auf Holz

Heimat

Da machte sich auf
auch Josef aus Galiläa,
aus der Stadt Nazareth,
in das jüdische Land
zur Stadt Davids,
die da heißt Bethlehem,
weil er aus dem Hause
und Geschlechte Davids war,
damit er sich schätzen ließe
mit Maria,
seinem vertrauten Weibe;
die war schwanger.

Lukas 2,4f.

HEIMATLICHE WINTERWELT MIT HINTERSINN

Wie ein heimeliges Winterwimmelbild wirkt dieses Gemälde auf den ersten Blick. Trotz der winterlichen Kälte herrscht geschäftiges Treiben im Dorf. Kinder spielen auf dem Eis oder raufen sich, Hühner picken im Schnee. Menschen gehen ihren Arbeiten nach: Da wird ein Karren repariert, eine Hütte wird gebaut, schwere Säcke werden über die zugefrorenen Kanäle getragen, in einem hohlen Baum gibt es einen provisorischen Ausschank und im Vordergrund schlachtet man gerade ein Schwein – ganz wie damals üblich zur Winterzeit. Im Hintergrund geht die Sonne langsam unter. Man möchte glauben, die Menschen werden gleich heimgehen und sich bei einem guten Essen aufwärmen.

Doch was ist das? Vor einem Gasthaus – zu erkennen an Kranz und Krug an der Fassade – links im Vordergrund drängen sich die Menschen zusammen. Männer in kostbaren Pelzen kassieren Geld von den einfach gekleideten Dorfbewohnern. Und was machen Maria und Josef in dieser nordischen Winterlandschaft? Man entdeckt sie erst bei genauerem Hinsehen. Josef geht voran, als Zimmermann trägt er Hammer und Bohrer am Gürtel und eine Säge über der Schulter. Ochs und Esel trotten ihm hinterher. Auf dem Rücken des Esels reitet die hochschwangere Maria, zu erkennen an ihrem blauen Gewand.

»Volkszählung in Bethlehem« hat der niederländische Maler Pieter Bruegel der Ältere dieses Gemälde genannt, das er 1566 anfertigte. Der Maler ist bekannt für seine eindrucksvollen, mit Figuren und Einzelszenen prall gefüllten Bilder, an denen man sich kaum sattsehen kann. Zu seiner Zeit machte man sich oft ein wenig lustig über ihn, »Bauernbruegel« wurde er genannt, oder »Pieter der Drollige«. Ob das daran lag, dass die Menschen den Hintersinn seiner Bilder gar nicht erfassten?

Der Maler verlegte die Szene um die Ankunft Marias und Josefs in Bethlehem kurzerhand in seine eigene Heimat. Die beiden eilen den anderen hinterher zum Gasthof. Dort aber findet gar keine Volkszählung statt, wie es die biblische Geschichte und der Bildtitel vermuten lassen. Stattdessen werden Steuern eingetrieben – offensichtlich von den Leuten der habsburgischen Besatzer, denn ihr Wappen prangt an der Mauer des Lokals. Plötzlich bekommt das Dorfidyll Risse – man spürt die Nöte und Ängste der Menschen, die in den damals durch eine kleine Eiszeit außergewöhnlich kalten Wintern hart arbeiten und haushalten mussten, um zu überleben. Die Steuerlasten machten die Situation nicht einfacher. Bruegel versteckte seine Kritik an der Ausbeutung durch die fremden Herrscher geschickt in einer alltäglichen Dorfszene.

Und ausgerechnet dort lässt er Maria und Josef auftauchen? Ja, gerade dort. Die Situation in Israel war zu Jesu Zeit nicht viel anders. Auch dort fühlten sich viele durch die römischen Besatzer unterdrückt und ausgebeutet und hofften auf einen von Gott gesandten Retter, der diesen Zuständen endlich ein Ende setzen würde. Die Geschichte von Jesu Geburt ist Ausdruck dieser Hoffnung. Christen sind überzeugt, das kleine Kind dort in der Krippe sei genau dieser Retter – auch wenn er die Unterdrückung letztlich nicht mit Gewalt beendete, sondern den Menschen auf einer ganz anderen Ebene zu Freiheit verhalf.

Durch sein Gemälde ließ Pieter Bruegel Maria und Josef diese Weihnachtshoffnung auch in seine Heimat tragen. Doch nur wer genau hinschaut wird sie finden – auf diesem Bild und vielleicht auch im eigenen Zuhause.

Lüttenweihnachten

(gekürzt)

»Tüchtig neblig, heute«, sagte am 20. Dezember der Bauer Gierke ziellos über den Frühstückstisch hin. Es war eigentlich eine ziemlich sinnlose Bemerkung, jeder wusste auch so, dass Nebel war, denn der Leuchtturm von Arkona heulte schon die ganze Nacht mit seinem Nebelhorn wie ein Gespenst, das das Ängsten kriegt. Wenn der Vater die Bemerkung trotzdem machte, so konnte sie nur eines bedeuten. »Neblig – ?«, fragte gedehnt sein dreizehnjähriger Sohn Friedrich. »Verlauf dich bloß nicht auf deinem Schulwege«, sagte Gierke und lachte. Und nun wusste Friedrich genug, lief in den Stellmacherschuppen und »borgte« sich eine kleine Axt und eine Handsäge. Dabei überlegte er: Den Franz von Gäbels nehm' ich nicht mit, der kriegt Angst vor dem Rotvoß. Aber Schöns Alwert und die Frieda Benthin. Also los!

Wenn es für die Menschen Weihnachten gibt, so muss es das Fest auch für die Tiere geben. Wenn für uns ein Baum brennt, warum nicht für die Pferde und Kühe, die doch das ganze Jahr unsere Gefährten sind? In Baumgarten feiern die Kinder vor dem Weihnachtsfest Lüttenweihnachten für die Tiere, und dass es ein verbotenes Fest ist, von dem der Lehrer Beckmann nichts wissen darf, erhöht seinen Reiz.

Sieben Kilometer sind es gut bis an die See, und nun fragt es sich, ob sie sich auch nicht verlaufen im Nebel. Da ist nun dieser Leuchtturm von Arkona, er heult mit seiner Sirene, dass es ein Grausen ist, aber es ist so seltsam, genau kriegt man nicht weg, von wo er heult. Manchmal bleiben sie stehen und lauschen. Sie beraten lange, und wie sie weitergehen, fassen sie sich an den Händen, die Frieda in der Mitte. Das Land ist so seltsam still; wenn sie dicht an einer Weide vorbeikommen, verliert sie sich nach oben ganz in Rauch. Es tropft sachte von ihren Ästen, tausend Tropfen sitzen überall, nein, die See kann man noch nicht hören. Vielleicht ist sie ganz glatt, man weiß es nicht, heute ist Windstille.

Jetzt sind es höchstens noch zwanzig Minuten bis zum Wald. Alwert weiß sogar, was sie hier finden: erst einen Streifen hoher Kiefern, dann Fichten, große und kleine, eine ganze Wildnis, gerade, was sie brauchen, und dann kommen die Dünen und dann die See.

Plötzlich sind sie im Wald. Erst dachten sie, es sei nur ein Grasstreifen hinter dem Sturzacker, und dann waren sie schon zwischen den Bäumen, und die standen enger und enger, Richtung? Ja, nun hört man doch das Meer, es donnert nicht gerade, aber gestern ist Wind gewesen, es wird eine starke Dünung sein, auf die sie zulaufen.

Und nun seht, das ist nun doch der richtige Baum, den sie brauchen, eine Fichte, eben gewachsen, unten breit, ein Ast wie der andere, jedes Ende gesund – und oben so schlank, eine Spitze so hell, in diesem Jahre getrieben. Kein Gedanke, diesen Baum stehen zu lassen, so einen finden sie nie wieder. Ach, sie sägen ihn ruchlos ab, sie bekommen ein schönes Lüttenweihnachten, das herrlichste im Dorf. Sie binden die Äste schön an den Stamm, und dann essen sie ihr Brot, und dann laden sie den Baum auf, und dann laufen sie weiter zum Meer.

Zum Meer muss man doch, wenn man ein Küstenmensch ist, selbst mit solchem Baum. Anderes Meer haben sie näher am Hof, aber das sind nur Bodden und Wieks. Dies hier ist richtiges Außenmeer, hier kommen die Wellen von weit, weit her, von Finnland oder von Schweden oder auch von Dänemark. Richtige Wellen ... Also, sie liefen aus dem Wald über die Dünen. Und nun stehen sie still.

Und was sie sehen, ist ein Stück Strand, ein Stück Meer. Hier über dem Wasser weht es ein wenig, der Nebel zieht in Fetzen, schließt sich, öffnet den Ausblick. Und sie sehen die Wellen, grüngrau, wie sie umstürzen, weiß schäumend draußen auf der äußersten Sandbank, näher tobend, brausend. Und sie sehen den Strand, mit Blöcken besät, und dazwischen lebt es in Scharen ... »Die Wildgänse!« sagen die Kinder. »Die Wildgänse – !« Sie haben nur davon gehört, sie haben es noch nie gesehen, aber nun sehen sie es. Das sind die Gänsescharen, die zum offenen Wasser ziehen, die hier an der Küste Station machen, eine Nacht oder drei, um dann weiterzuziehen nach Polen oder wer weiß wohin. Vater weiß es auch nicht.

Und plötzlich sehen sie noch etwas, und magisch verführt, gehen sie dem Wunder näher. Abseits, zwischen den hohen Steinblöcken, da steht ein Baum, eine Fichte, wie die ihre, nur viel, viel höher, und sie ist besteckt mit Lichtern, und die Lichter flackern im leichten Windzug ... »Lüttenweihnachten für die Wildgänse ...« Immer näher kommen sie, leise gehen sie, auf den Zehen – oh dieses Wunder! – und um den Felsblock biegen sie. Da ist der Baum vor ihnen in all seiner Pracht, und neben ihm steht ein Mann, die Büchse über der Schulter, ein roter Vollbart ...

»Ihr Schweinskerls!« sagt der Förster, als er die drei mit der Fichte sieht. Und dann schweigt er. Und auch die Kinder sagen nichts. Sie stehen und starren. Es sind kleine Bauerngesichter, sommersprossig, selbst jetzt im Winter, mit derben Nasen und einem festen Kinn. Es sind Augen, die was in sich 'reinsehen. Immerhin, denkt der Förster, haben sie mich auch erwischt beim Lüttenweihnachten.

Ja, da stehen sie nun: ein Mann, zwei Jungen, ein Mädel. Die Kerzen flackern am Baum, und ab und zu geht auch eine aus. Die Gänse schreien, und das Meer braust und rauscht. Die Sirene heult. Da stehen sie, es ist eine Art Versöhnungsfest, sogar auf die Tiere erstreckt, es ist Lüttenweihnachten. Man kann es feiern, wo man will, am Strand auch, und die Kinder werden nachher in ihres Vaters Stall noch einmal feiern. Und schließlich kann man hingehen und danach handeln. Die Kinder sind imstande und bringen es fertig, die Tiere nicht mehr zu quälen und ein bisschen nett zu ihnen zu sein. Zuzutrauen ist ihnen das.

HEIMWEH

Heimat, ein vertrauter Begriff, zu dem fast jedem etwas einfällt. Und doch stellt sich jeder etwas anderes darunter vor. Was anfänglich nur eine sachliche Bezeichnung für die Herkunft eines Menschen war, entwickelte sich im Laufe der Geschichte zu einem gefühlsbesetzten Wort für einen Ort, an dem das Herz hängt. Heute jedoch, wo es üblich geworden ist, der Arbeit hinterherzuziehen und alle paar Jahre den Wohnort zu wechseln, beginnt sich auch diese Bedeutung des Heimatbegriffs wieder zu wandeln.

Doch trotz oder gerade wegen des kosmopoliten Lebens stellt sich bei vielen vor allem in der Weihnachtszeit jedes Jahr aufs Neue ein seltsames Heimweh ein. Nostalgische Gefühle erwachen, man erinnert sich an die Bräuche, Dekorationen und Gerüche im Zuhause der Kindheit. Man freut sich auf das altbekannte Essen bei den Eltern am Weihnachtsfeiertag, und falls man im alten Kinderzimmer übernachtet, tauchen vergessen geglaubte Erinnerungen wieder auf.

Auch wenn es vielen Freude bereitet, die ganze Welt zu sehen, neue Menschen kennenzulernen und sich immer wieder aufs Neue ein Zuhause auf Zeit einzurichten – eine stille Sehnsucht nach einem Ort, an dem man verwurzelt ist, kennt jeder. Sich beständig neu in Gemeinschaften einfügen zu müssen, kann auf Dauer sehr anstrengend sein. »Heimat ist da, wo man sich nicht erklären muss«, meinte schon der Dichter Johann Gottfried Herder.

Während Menschen in vielen Ländern der Erde durch schiere Not gezwungen sind, ihre Heimat zu verlassen und ins Ungewisse aufzubrechen, steht es den meisten hierzulande frei, ob sie lieber alle paar Jahre umziehen oder sich irgendwo für immer niederlassen wollen. Jesus, fernab der elterlichen Heimat in einem Stall geboren, scheint auch später an keinem Ort wirklich zu Hause gewesen zu sein. Für ein Leben als Wanderprediger entschied er sich schließlich. Und doch war er von Anfang an beheimatet – in Gott. Egal ob man unter Heimat nun einen Ort, die Familie, dauerhafte Freunde, oder seinen Glauben versteht – neben aller Begeisterung für die heutigen Freiheiten sollten die eigenen Wurzeln nicht zu kurz kommen. Denn wenn es einmal darauf ankommt, sind sie es, die einem Halt geben. Weihnachten erinnert daran, wie wichtig es ist, uns und anderen beides zuzugestehen.

Weihnachten

Markt und Straßen stehn verlassen,
Still erleuchtet jedes Haus,
Sinnend geh ich durch die Gassen,
Alles sieht so festlich aus.

An den Fenstern haben Frauen
Buntes Spielzeug fromm geschmückt,
Tausend Kindlein stehn und schauen,
Sind so wunderstill beglückt.

Und ich wandre aus den Mauern
Bis hinaus ins freie Feld,
Hehres Glänzen, heil'ges Schauern!
Wie so weit und still die Welt!

Sterne hoch die Kreise schlingen,
Aus des Schnees Einsamkeit
Steigt's wie wunderbares Singen –
O du gnadenreiche Zeit!

Joseph von Eichendorff

Die eigenen Wurzeln

Lebte ihre Familie schon immer am gleichen Ort oder stammt sie
ursprünglich ganz woanders her? Wie war es dort früher? Wie weit
lässt sich das zurückverfolgen? Das alljährliche weihnachtliche
Familientreffen eignet sich gut, um diesen Fragen einmal genauer
nachzugehen. Besonders dort, wo ansonsten gerne allgemeine
Sprachlosigkeit herrscht, können Gespräche über die gemeinsamen
Wurzeln manchmal Türen öffnen.

Übrigens – Warum Maria und Josef nach Betlehem reisten

Josef und Maria stammten aus Nazareth, auch Jesus muss später dort aufgewachsen sein. Dass sich Maria kurz vor der Geburt mit Josef auf den beschwerlichen Weg nach Betlehem machte, muss also einen triftigen Grund gehabt haben. Der Evangelist Lukas begründet die Reise mit einer Volkszählung, die Kaiser Augustus hatte ausrufen lassen. Zu diesem Zweck habe sich jeder zum Stammsitz seiner Familie begeben müssen. Josefs Familie sei eben in Bethlehem beheimatet gewesen, dem Ort des großen Königs David, dessen Nachfahre Josef gewesen sein soll. So stellt Lukas auch Jesus als Nachkomme Davids dar – passend zu der alttestamentlichen Vorhersage, der ersehnte Retter des Volkes werde von David abstammen. Dabei verdrängte Lukas jedoch, dass Josef genau genommen gar nicht der leibliche Vater Jesu war.

Der Evangelist Matthäus gibt noch eine Erklärung für die Geburt in Betlehem. Jesus sei dort geboren worden, weil der Prophet Micha (5,1) einst vorhergesagt habe, dass aus dem kleinen Ort einmal ein großer »Fürst« hervorgehen werde.

Diese Hinweise legen nahe, dass man die Geschichte von Jesu Geburt in Betlehem weniger als geschichtlichen Tatsachenbericht, sondern eher als symbolische Erzählung verstehen kann. Mit ihren Erzählungen hoben die Evangelisten hervor, dass da ein ganz besonderer Mensch geboren worden war. Sie waren überzeugt: Jesus ist der von den alten Propheten angekündigte Retter.

Anschauen: Harald Gauster (Regisseur): Der Waldbauernbub – Weihnacht in der Waldheimat. Nach den Erzählungen des österreichischen Volksdichters Peter Rosegger

Großeltern werden die Geschichten um den Waldbauernbub vielleicht noch kennen. Die DVD bietet Gelegenheit, gemeinsam mit Kindern oder Enkeln in Peters heimelige Geschichten von Weihnachten ganz früher einzutauchen.

Lesen und Genießen: Birgit Hamm und Linn Schmidt, Heimwehküche. Lieblingsessen aus Omas Küche. Dorling Kindersley Verlag 2010

Heimat geht auch durch den Magen.

Surfen: www.onomastik.com/

Eine Seite voller Informationen rund um die Namens- und Ahnenforschung. Hilfreich für die Suche nach den Wurzeln der eigenen Familie.

Tannenbaum
und Weihnachtsgurke

Und die Klarheit des Herrn
leuchtete um sie.

Lukas 2,9

WEIHNACHTLICHER GLANZ

Der Weihnachtsbaum – unzählige Kerzen lassen
ihn erstrahlen. Je weiter man in den Norden kommt,
desto wichtiger scheint den Menschen an Weihnachten auch heute noch die Lichtsymbolik zu sein.
Viele der nordischen Bräuche rund um das Licht
stehen wie die »Lüttenweihnacht« in engem Zu-
sammenhang mit der Natur, mit Tieren oder gar
mit Naturgeistern und Fabelgestalten. Jul heißt das
Weihnachtsfest bis heute in einigen Ländern, wie
das alte Fest zu Mittwinter, das man vor der Einführung des Christentums feierte. Ein Fest voll Lichter-

Viggo Johansen, Weihnachtsglück (1891)

kränze und Freude über die Wintersonnenwende. Eine Freude, die sich später mit der Freude über die Geburt des Jesuskindes verband, das schließlich ebenfalls Licht und Hoffnung auf Leben in die Welt brachte. Hell strahlt der reich geschmückte Baum auf diesem Bild im Kerzenglanz, erleuchtet den dämmrigen Raum einer bürgerlichen Wohnung und bescheint die staunenden Kindergesichter. Die Familie tanzt, wie in vielen nordischen Ländern üblich, singend um den Baum herum, bevor es ans Auspacken der Geschenke geht. Der dänische Maler Viggo Johansen ist bekannt für sein Talent, besondere Lichtstimmungen ins Bild zu bannen. Meisterhaft gelang es ihm auch in diesem Gemälde, die Faszination einzufangen, die von dem leuchtenden Baum ausgeht. Ein Glanz, der bisweilen selbst die rationalsten Erwachsenen in kindliches Staunen zu versetzen vermag.

MARX MÖLLER

Die Legende vom Tannenbaum

In der Bergpredigt, wie bei Matthäus zu lesen,
ist auch von Bäumen die Rede gewesen.
Der Heiland hatte gesagt, dass Feigen
nicht reifen können auf Distelzweigen,
dass Trauben nicht wüchsen am Dornenhange,
und dass der Baum, der nicht Früchte trage,
zu nichts wert erscheine auf Erden,
als abgehauen und verbrannt zu werden.

Und als er geendet, da ist schon bald
ein Streiten entstanden im nahen Wald.
Die Disteln, welche die Rede gehört,
waren über die Maßen empört
und haben so recht überlegen gesagt:
»Wir haben noch immer den Eseln behagt!«
Die Dornen reckten die scharfen Spitzen
und sagten: »Das lassen wir nicht auf uns sitzen!«
Die gelben, aufgedunsenen Feigen
zeigten ein sattes, blasiertes Schweigen,
und die Trauben blähten sich gar nicht schlecht
und knarrten geschwollen »So ist es recht!«

Nur ein zierlicher Tannenbaum
stand verschüchtert, rührte sich kaum,
horchte nicht auf das Rühren und Klagen,
hat sich still und bescheiden betragen
und dachte und dachte in einem fort

an des Heilandes richtendes Wort.
Er fühlte sich ganz besonders getroffen;
er hatte kein Recht, auf Gnade zu hoffen;
die erste Axt musste ihn zerschlagen;
er wusste nur Tannenzapfen zu tragen;
Früchte hatte er nie gebracht,
das hatte ihn niedergeschlagen gemacht.
Als sich nun aber die Sonne versteckte
und tiefes Dunkel die Erde deckte,
und, ermüdet von Reden und Klagen,
die anderen Bäume im Schlummer lagen,
wollte er nichts vom Schlummer wissen,
hat die Wurzeln aus dem Erdreich gerissen,
und unbemerkt in der stillen Nacht
hat er sich auf den Weg gemacht,
um nach dem strengen Heiland zu gehen
und milderes Urteil sich zu erflehen.
Und als er nach mühseligen Stunden
endlich den lange Gesuchten gefunden
und ihm sein Leid recht herzlich geklagt,
da hat der Heiland lächelnd gesagt:
»Wisse, dass seit Beginn der Welt
ein jeglicher Fluch seinen Segen enthält,
und dass in jeglichem Segensspruch
verborgen liegt ein heimlicher Fluch!
Den Feigen brachte nur Fluch mein Segen,
weil sie jetzt sündigen Hochmut hegen;
die Trauben haben mir nicht gedankt,
die haben nur mit den Dornen gezankt;
die Disteln ließen sich nicht belehren,
die konnten den Fluch nicht zum Segen kehren;
du aber hast dich besser bedacht!
Du hast aus dem Fluch einen Segen gemacht!
Und dein Bittgang sei nicht umsonst gewagt!
Zwar – was gesagt ist, das bleibt gesagt.

Dein Schicksal ist jetzt nicht mehr zu trennen
vom Abhau'n und im Ofen-Verbrennen;
aber: Ich will dich erheben und ehren,
ich will einen rühmlichen Tod dir bescheren!
Dich soll kein Winterschlaf traurig umschließen!
Ein doppeltes Leben sollst du genießen!
Und auf deinen zierlichen Zweigen
sollen die herrlichsten Früchte sich zeigen,
soll man Lichter und Zierrat schaun!
Freilich – erst wenn du abgehaun!
Sei wie ein Held, der für andere leidet,
der in blühender Jugend strahlend verscheidet.
Damit dein Leben, das kurze, doch reiche,
meinem irdischen Wandel gleiche!
Du sollst ein Bote des Friedens sein!
Du sollst glänzen im Heiligenschein!
Den Kindern sollst Du Freude verkünden!
Den Sünder wecken aus seinen Sünden!
Gesang und Jubel soll Dich umtönen!
Mein lieblichstes Fest, sollst Du lieblich verschönen!
Du bist von allen Bäumen hienieden
der gesegnetste! – Zieh hin in Frieden.

EIN BAUM IM WOHNZIMMER

Der Weihnachtsbaum, strahlend schön. Heute das bekannteste Symbol für Weihnachten. Er zaubert ein Leuchten selbst in die unzufriedensten Gesichter und lässt Kindheitserinnerungen wach werden. Wo er herkommt? Viele haben nach seinem Ursprung gesucht, doch ausfindig machen ließ er sich bisher nicht. In den biblischen Weihnachtsgeschichten jedenfalls kommt er nicht vor. Auf der ganzen Welt verbreitet hat er sich erst seit dem 18. Jahrhundert. Doch schon aus dem 15./16. Jahrhundert gibt es vereinzelte Überlieferungen über solch besondere Bäume in der Weihnachtszeit.

Wahrscheinlich ergab sich der Brauch, einen Weihnachtsbaum ins Wohnzimmer zu stellen, aus verschiedensten ähnlichen Bräuchen, die in vielen Kulturen in ähnlicher Weise verbreitet waren. Immergrüne Pflanzen oder zum Blühen gebrachte Zweige symbolisieren Lebenskraft und Hoffnung, die man sich mit den Zweigen vor allem in der kargen, dunklen Winterzeit ins Haus zu holen versuchte.

Ein solcher Baum hatte bereits einen christlichen Hintergrund. Den Vormittag des 24. Dezember beging man in katholischen Gegenden lange als Gedenktag Adams und Evas. Zu diesem Zweck wurden in den Kirchen »Paradiesspiele« aufgeführt, bei denen auch ein mit Äpfeln, Süßigkeiten und Blüten geschmückter Baum nicht fehlen durfte.

Der Weihnachtsbaum übernahm diese Dekoelemente, die zugleich die Hoffnung auf eine neue Blüte und Erntezeit im nächsten Jahr zum Ausdruck brachten. Bis ins 19. Jahrhundert hinein bastelte man den Weihnachtsbaumschmuck innerhalb der Familie jedes Jahr neu. Da wurden Nüsse in hauchfeines Rauschgold gehüllt, Gebäck bunt verziert oder mit Glanzbildern beklebt, Strohsterne und bunte Ketten angefertigt.

Seit dem 19. Jahrhundert gab es dann auch industriell gefertigten Christbaumschmuck. Einer Legende nach soll ein armer thüringischer Glasbläser die Christbaumkugeln erfunden haben, weil er sich keine Äpfel und Walnüsse leisten konnte. Auch Kerzen konnten sich lange Zeit höchstens Adelige leisten, denn Bienenwachs war teuer. Erst mit der

Einführung erschwinglicher Kerzen Mitte des 19. Jahrhunderts wurde der Weihnachtsbaum zum strahlenden Mittelpunkt deutscher Weihnachtswohnzimmer und trat von hier aus einen Siegeszug um die ganze Welt an.

Christbaum

Hörst auch du die leisen Stimmen
aus den bunten Kerzlein dringen?
Die vergessenen Gebete
aus den Tannenzweiglein singen?
Hörst auch du das schüchternfrohe,
helle Kinderlachen klingen?
Schaust auch du den stillen Engel
mit den reinen, weißen Schwingen? ...
Schaust auch du dich selber wieder
fern und fremd nur wie im Traume?
Grüßt auch dich mit Märchenaugen
deine Kindheit aus dem Baume? ...

Ada Christen

Strohsterne

Einfache Strohsterne können schon Kinder mit wenigen Zutaten leicht herstellen. Als schlichter Weihnachtsbaumschmuck wirken sie durch ihren zarten Glanz und stellen eine symbolische Verbindung her zwischen dem Baum, der Krippe des Jesuskindes und dem Weihnachtsstern, der die drei Weisen aus dem Morgenland nach Bethlehem führte.

Sie brauchen: · echte Strohhalme (aus dem Bastelmarkt)
· Schere
· Zwirn in weihnachtlichen Farben
· eventuell: Auflaufform mit warmem Wasser,
· Bügeleisen

1. Für die einfachste Variante schneiden Sie die Strohhalme je nach gewünschter Größe des Sterns zunächst auf die passende Länge.
2. Legen Sie zweimal zwei Strohhalme zu einem Kreuz und setzen Sie die Kreuze versetzt aufeinander – in der Mitte gut festhalten.
3. Nun wickeln Sie nah am Mittelpunkt wie beim Weben den Zwirn nacheinander um jeden Halm: zuerst oben-, dann untenherum.
4. Nach zwei Runden verknoten Sie den Anfangs- und Endfaden und bilden aus den Enden eine Schlaufe zum Aufhängen. Nun können die Enden der Halme noch schräg angeschnitten werden.

Variationen lassen sich durch Veränderung der Strohhalmlänge herstellen. Die Halme können auch in lauwarmem Wasser eingeweicht und anschließend flachgebügelt werden. Vor dem Bügeln kann man sie aufschlitzen um noch breitere Strahlen zu erhalten. Wenn Sie etwas länger Bügeln, werden die Halme dunkler. Doch Vorsicht! Sie wollen ja kein Feuer entfachen. Wenn Sie dann noch die Sternspitzen unterschiedlich anschneiden oder die Anzahl der Halme variieren, erhalten Sie viele unterschiedliche Sterne. Natürlich lassen sich die Halme auch noch auf kompliziertere Weise zusammenbinden. Lassen Sie Ihrer Fantasie freien Lauf oder holen Sie sich Inspirationen im Netz.

Anregung: Die Sterne eignen sich nicht nur als Weihnachtsbaumdeko, sondern auch als hübsche Geschenkanhänger oder zur Dekoration von Weihnachtskarten. Vielleicht in Kombination mit einem selbstgedichteten Weihnachtsstern-Elfchen (→ S. 37).

Übrigens – Die Weihnachtsgurke

Haben Sie schon mal eine Gurke an Ihren Weihnachtsbaum gehängt? In Amerika ist dies ein weit verbreiteter Brauch. Eltern hängen etwas versteckt eine »Christbaumkugel« in Form einer Gurke in den Baum. Das Kind, das sie als erstes findet, bekommt dann ein kleines Extrageschenk. Kauft man eine solche Gurke in den USA, bekommt man erzählt, dieser Brauch komme aus Deutschland. Merkwürdigerweise kennt ihn hierzulande aber kaum jemand. In einem deutschen Katalog für Christbaumschmuck aus dem Jahr 1909 findet sich allerdings tatsächlich eine solche Gurke. Man vermutet, dass der Brauch ursprünglich aus dem Gebiet an der thüringisch-bayerischen Grenze stammen könnte.

ZUM WEITERDENKEN

Lesen: Bernd Brunner. Die Erfindung des Weihnachtsbaums, Insel Verlag 2011
Wer Genaueres über die Geschichte des Weihnachtsbaums und seiner Vorgänger erfahren will, wird hier fündig.
Axel Hacke. Oh Tannenbaum: Geschichten rund um den Christbaum, St. Benno 2014
Geschichten und Gedichte rund um den Baum lassen sich hier entdecken.

Surfen: www.weihnachtsgurken.de
Falls Sie nun unbedingt eine Weihnachtsgurke brauchen …

$\mathcal{W}$eihnachtsduft
und Leckereien

Und als sie aßen,
nahm Jesus das Brot,
dankte und brach's
und gab's ihnen
und sprach:
Nehmet; das ist mein Leib.
Und er nahm den Kelch,
dankte und gab ihnen den;
und sie tranken alle daraus.
Und er sprach zu ihnen:
das ist mein Blut des Bundes.

Markus 14,22ff.

Georg Flegel, Stillleben mit Obst und Backwaren (um 1615), Öl auf Leinwand

EIN TISCH VOLL LECKEREIEN

Kein Weihnachtsbild, aber ein Gemälde voller Leckereien, von denen viele heute vor allem mit Weihnachten in Verbindung gebracht werden. Da finden sich neben frischem Obst, Kandisstangen und Zuckerbällchen, kandierte Früchte und Fruchtschalen, Trockenobst und Biskuitgebäck, Plätzchen und ein Keks, der aussieht, als sei er mit Nelken gewürzt. Die hintere Schale steht auf einem Stapel aus Lebkuchenplatten. Fast möchte man zugreifen und in eine saftige Frucht oder ein würzig-süßes Gebäck hineinbeißen.

Solche Köstlichkeiten konnte sich zur Entstehungszeit des Bildes nicht jeder leisten. Vor allem Zucker war damals selten zu bekommen und entsprechend teuer. Ganz im Geiste der Barockzeit, in der man Prunk und Reichtum gerne mehr als üppig darstellte, sitzt auf dem Pfirsich-zweiglein auch noch ein kostbarer Papagei. Der aus Mähren stammende und für seine Stillleben bekannte Maler Georg Flegel setzt auf diese Weise Reichtum und Wohlstand ins Bild. Solche Gemälde voll üppiger Genüsse waren beliebt zur Barockzeit. Sie kamen dem Repräsentations-bedürfnis der wohlhabenden Bürger entgegen, die sie erwarben und in ihren Häusern aufhängten.

Doch auch leise Kritik verbirgt sich in dem Gemälde. Der aufge-schnittene Granatapfel hinten rechts erinnert an den Sündenfall. Und der Hirschkäfer, der vorne links auf die Birnen zukrabbelt, die traditionell für Liebe, Fruchtbarkeit und Kindersegen stehen, war damals ein be-kanntes Symbol für Vergänglichkeit und Tod. Der Dreißigjährige Krieg hatte in den Menschen ein Bewusstsein für die Flüchtigkeit allen Seins hinterlassen. Die sogenannten Vanitas-Stillleben, zu denen auch dieses Gemälde zählt, spielen mit der Spannung zwischen überbordendem Lebensgenuss und Vergänglichkeit (lateinisch: Vanitas).

Der damalige Durchschnittsbürger allerdings konnte von einer solchen Fülle an süßen Leckereien nur träumen. Schon wer sich zu Weih-nachten die Zutaten für Bratäpfel oder besonderes Gebäck leisten konnte, durfte sich glücklich schätzen.

Eigentlich schade, dass diese kleinen Weihnachtsfreuden hierzulande inzwischen kaum noch jemand nachempfinden kann. So eine Erinnerungsstütze wie das Käferchen könnte inmitten unserer Überflussgesellschaft ruhig auch einmal über den TV-Bildschirm laufen.

MARGRET RETTICH

Die Geschichte von der Weihnachtsgans

Einmal fand ein Mann am Strand eine Gans. Tags zuvor hatte der Novembersturm getobt. Sicher war sie zu weit hinausgeschwommen, dann abgetrieben und von den Wellen wieder an Land geworfen worden. In der Nähe hatte niemand Gänse. Es war eine richtige weiße Hausgans.

Der Mann steckte sie unter seine Jacke und brachte sie seiner Frau: »Hier ist unser Weihnachtsbraten.«

Beide hatten noch niemals ein Tier gehabt, darum hatten sie auch keinen Stall. Der Mann baute aus Pfosten, Brettern und Dachpappe einen Verschlag an der Hauswand. Die Frau legte Säcke hinein und darüber einen alten Pullover. In die Ecke stellte sie einen Topf mit Wasser.

»Weißt du, was Gänse fressen?«, fragte sie.

»Keine Ahnung«, sagte der Mann.

Sie probierten es mit Kartoffeln und mit Brot, aber die Gans rührte nichts an. Sie mochte auch keinen Reis und nicht den Rest vom Sonntagsnapfkuchen.

»Sie hat Heimweh nach anderen Gänsen«, sagte die Frau.

Die Gans wehrte sich nicht, als sie in die Küche getragen wurde. Sie saß still unter dem Tisch. Der Mann und die Frau hockten vor ihr, um sie aufzumuntern.

»Wir sind eben keine Gänse«, sagte der Mann. Er setzte sich auf seinen Stuhl und suchte im Radio nach Blasmusik.

Die Frau saß neben ihm am Tisch und klapperte mit den Stricknadeln. Es war sehr gemütlich. Plötzlich fraß die Gans Haferflocken und ein wenig vom Napfkuchen.

»Er lebt sich ein, der liebe Weihnachtsbraten«, sagte der Mann.

Bereits am anderen Morgen watschelte die Gans überall herum. Sie steckte den Hals durch offene Türen, knabberte an der Gardine und machte einen Klecks auf den Fußabstreifer.

Es war ein einfaches Haus, in dem der Mann und die Frau wohnten. Es gab keine Wasserleitung, sondern nur eine Pumpe. Als der Mann einen Eimer voll Wasser pumpte, wie er es jeden Morgen tat, ehe er zur Arbeit ging, kam die Gans, kletterte in den Eimer und badete. Das Wasser schwappte über, und der Mann musste noch einmal pumpen.

Im Garten stand ein kleines Holzhäuschen, das war die Toilette. Als die Frau dorthin ging, lief die Gans hinterher und drängte sich mit hinein. Später ging sie mit der Frau zusammen zum Bäcker und in den Milchladen.

Als der Mann am Nachmittag auf seinem Rad von der Arbeit kam, standen die Frau und die Gans an der Gartenpforte.

»Jetzt mag sie auch Kartoffeln«, erzählte die Frau.

»Brav«, sagte der Mann und streichelte der Gans über den Kopf, »dann wird sie bis Weihnachten rund und fett.«

Der Verschlag wurde nie benutzt, denn die Gans blieb jede Nacht in der warmen Küche. Sie fraß und fraß. Manchmal setzte die Frau sie auf die Waage, und jedes Mal war sie schwerer. Wenn der Mann und die Frau am Abend mit der Gans zusammensaßen, malten sich beide die herrlichsten Weihnachtsessen aus.

»Gänsebraten und Rotkohl, das passt gut«, meinte die Frau und kraulte die Gans auf ihrem Schoß.

Der Mann hätte zwar statt Rotkohl lieber Sauerkraut gehabt, aber die Hauptsache waren für ihn die Klöße.

»Sie müssen so groß sein wie mein Kopf und alle genau gleich«, sagte er.

»Und aus rohen Kartoffeln«, ergänzte die Frau.

»Nein, aus gekochten«, behauptete der Mann. Dann einigten sie sich auf Klöße halb aus rohen und halb aus gekochten Kartoffeln. Wenn sie ins Bett gingen, lag die Gans am Fußende und wärmte sie.

Mit einem Mal war Weihnachten da.

Die Frau schmückte einen kleinen Baum.

Der Mann radelte zum Kaufmann und holte alles, was sie für den großen Festschmaus brauchten. Außerdem brachte er ein Kilo extrafeine Haferflocken.

»Wenn es auch ihre letzten sind«, seufzte er, »soll sie doch wissen, dass Weihnachten ist.«

»Was ich sagen wollte«, meinte die Frau, »wie, denkst du, sollten wir … ich meine … wir müssten doch nun …«

Aber weiter kam sie nicht.

Der Mann sagte eine Weile nichts. Und dann: »Ich kann es nicht.«

»Ich auch nicht«, sagte die Frau. »Ja, wenn es eine x-beliebige wäre. Aber nicht diese hier. Nein, ich kann es auf gar keinen Fall.«

Der Mann packte die Gans und klemmte sie in den Gepäckträger. Dann fuhr er auf dem Rad zum Nachbarn. Die Frau kochte inzwischen den Rotkohl und machte die Klöße, einen genauso groß wie den anderen.

Der Nachbar wohnte zwar ziemlich weit weg, aber doch nicht so weit, dass es eine Tagesreise hätte werden müssen. Trotzdem kam der Mann erst am Abend wieder. Die Gans saß friedlich hinter ihm.

»Ich habe den Nachbarn nicht angetroffen, da sind wir etwas herumgeradelt«, sagte er verlegen.

»Macht gar nichts«, rief die Frau munter, »als du fort warst, habe ich mir überlegt, dass es den feinen Geschmack des Rotkohls und der Klöße nur stört, wenn man noch etwas anderes dazu auftischt.«

Die Frau hatte Recht, und sie hatten ein gutes Essen. Die Gans verspeiste zu ihren Füßen die extrafeinen Haferflocken. Später saßen sie alle drei nebeneinander auf dem Sofa in der guten Stube und sahen in das Kerzenlicht.

Übrigens kochte die Frau im nächsten Jahr zu den Klößen zur Abwechslung Sauerkraut. Im Jahr darauf gab es zum Sauerkraut breite Bandnudeln. Das sind so gute Sachen, dass man nichts anderes dazu essen sollte.

Inzwischen ist viel Zeit vergangen.

Gänse werden sehr alt.

DER GESCHMACK VON WEIHNACHTEN

Tannenzweige und Bienenwachs, Zimt und Vanille, Rosinen, Nelken und Koriander, Orangen und Mandarinen, Marzipan und kandierte Früchte, Glühwein, Maronen und Bratapfel und später dann der Bratenduft. Solche Gerüche kommen heute in vielen Geschäften aus künstlichen Zutaten wohlkomponiert und -kalkuliert zum Einsatz, um in den Kunden Kauflust zu wecken. Sie werden als Raumduft, Parfum oder Badezusatz verkauft. Dabei ist es noch gar nicht so lange her, dass sich die Gerüche irgendwann im Dezember ganz von allein einstellten.

Wenn das erste Tannengrün ins Haus geholt, die ersten Zimtsterne gebacken und die ersten echten Kerzen entzündet worden waren, begann er sich langsam auszubreiten, der Weihnachtsduft.

Ernährte man sich auch das Jahr über recht gleichförmig und einfach – für Weihnachten sparte man die guten Dinge auf: Honig und teure Gewürze, Äpfel, Nüsse und Wurst, Schweine- oder Gänsebraten. All das wurde in den Wochen vor Weihnachten gekauft, gebacken und gekocht. Schließlich war man überzeugt, ein reiches Festmahl bringe Segen für das kommende Jahr.

Stollen und Lebkuchen ab dem Spätsommer – das konnte sich früher wohl niemand vorstellen. Heute dagegen haben viele den Spekulatius schon Anfang Dezember über. Und auch die Zeit zum Backen fehlt immer öfter. Aber wozu auch sich die Mühe machen, wenn es alles fix und fertig zu kaufen gibt – selbst den Duft, der ja sonst nicht mehr aufkommt zwischen Lichterketten und nadelfreiem Kunstgrün.

Ob künstlich oder echt, selbst gemacht oder gekauft – kaum ein anderes Fest ist so sehr geprägt von besonderen Gerüchen und Leckereien. Kein Wunder, dass Marketingstrategen Menschen durch geschickt versprühten Weihnachtsduft zum Kauf bewegen können.

Obwohl viele vor lauter Überfluss den Überblick längst verloren haben, obwohl fast alles das ganze Jahr über zu jeder Tages- und Nachtzeit verfügbar ist, scheint da ein Hunger ungestillt zu bleiben, der sich gerade in der Weihnachtszeit besonders bemerkbar macht. Ein Hunger nach dem Besonderen, nach einem Geschmack, von dem man noch im Alter träumt – weil er eben nicht im Überfluss vorhanden ist. Der Geschmack von Weihnachten lässt sich nicht kaufen. Er stellt sich ein, wenn man sich Zeit für ihn nimmt – etwa bei Kerzenlicht und selbstgebackenen Plätzchen, die jedes Mal ein wenig anders schmecken. Den echten Geschmack von Weihnachten erlebt erst, wer ihn sich nicht verfügbar machen will und ihm seine Einmaligkeit lässt.

Weihnachtsgebäck

Weinbeer, Mandeln, Sultaninen,
süße Feigen und Rosinen,
welsche Nüsse – fein geschnitten,
Zitronat auch – muss ich bitten! –

Birnenschnitze doch zumeist
und dazu den Kirschengeist;
wohl geknetet mit der Hand
alles tüchtig durcheinander
und darüber Teig gewoben –
wirklich, das muss ich mir loben!

Solch ein Brot kann's nur im Leben
jedes Mal zur Weihnacht geben!
Eier, Zucker und viel Butter
schaumig rührt die liebe Mutter;
kommt am Schluss das Mehl daran,
fangen wir zu helfen an.

In den Teig so glatt und fein
stechen unsre Formen ein:
Herzen, Vögel, Kleeblatt, Kreise –
braune Plätzchen, gelbe, weiße
sieht man bald – welch ein Vergnügen –
auf dem Blech im Ofen liegen.
Knusprig kommen sie heraus,
duften durch das ganze Haus.

Solchen Duft kann's nur im Leben
jedes Mal zur Weihnacht geben!

Isabella Braun

Bratapfel mit Marzipanfüllung

Ein einfaches Gericht und vielleicht gerade deswegen so wunderbar weihnachtlich. Perfekt zum Aufwärmen an nasskalten Dezembertagen.

1 großer	Apfel (die Sorte Boskop eignet sich gut)
ca. 50 g	Marzipan
1–3 Kekse	z. B. Amaretti oder Löffelbiskuit, zerkrümelt
einige	gehackte Walnusskerne
einige	Rosinen
1 EL	Honig
1/4 TL	Zimt
1 Schuss	Rum (für Kinder natürlich weglassen)

1. Das Kerngehäuse des Apfels großzügig entfernen.

2. Marzipan mit Kekskrümeln, Nüssen, Rosinen, Zimt und Rum vermengen, die Masse durchkneten und in den Apfel hineinfüllen.

3. Etwas Honig über den Apfel geben und ihn bei 200°C ca. 30 Min. backen. (Die Backzeit kann je nach Apfelsorte variieren!)

4. Zum Schluss noch einmal etwas Honig oder Puderzucker über den Apfel geben – und dann genießen.

Besonders gut schmeckt der Bratapfel mit Vanillesauce oder einer Kugel Vanilleeis.

Übrigens – Adventszeit war einst Fastenzeit

Lange galt die Adventszeit, ähnlich wie die Wochen vor Ostern, als Fasten- und Bußzeit, in der man sich in Ruhe auf die Ankunft Jesu vorbereitete. In dieser Zeit, die vom 11. November (Martinstag) bis zum 6. Januar (Epiphanias/ Dreikönigstag) dauerte, wurde außerdem weder getanzt noch anderweitig groß gefeiert. Später hielten sich nicht mehr alle Gläubigen daran. Vor allem die Franziskaner setzten sich aber dafür ein, an dem Brauch festzuhalten. Auf katholischer Seite wurde er erst 1917 abgeschafft.

Auch Martin Luther hielt ein vorweihnachtliches Fasten für sinnvoll. Schon Kindern könne man in der Adventszeit das Fasten beibringen, meinte er. In dieser Zeit solle man sie auf das bevorstehende Fest vorbereiten. Außerdem könne man die Weihnachtsfreuden und Leckereien viel besser genießen, wenn man zuvor eine Weile lang Verzicht geübt hätte.

Da Luther das Fasten allerdings als eine Art freiwilliges Trainingsprogramm verstand und eine von Autoritäten für alle vorgeschriebene Regelung ablehnte, setzte sich der Brauch nicht durch.

Hören: Rolf Zuckowski. In der Weihnachtsbäckerei, Doppel-
CD, Musik für Dich (Universal Music) 2012
Der Kinderklassiker für gute Stimmung beim Backen
mit dem Nachwuchs – und viele weitere Winter- und
Weihnachtslieder von Rolf Zukowski.

Kochen & Backen: Adriane Andreas / Alessandra Redies (Hrsg.). Weihnachten – Das Goldene von GU: Kochen und backen
für ein glänzendes Fest, Gräfe und Unzer-Verlag 2013
Wer noch Anregungen braucht für duftende Weih-
nachtsleckereien, der wird hier fündig.

Surfen: www.ekd.de/prostmahlzeit/
Essen und Trinken im Neuen Testament – ein kleines
Quiz.

Nikolaus wird Weihnachtsmann

Bittet, so wird euch gegeben;
suchtet, so werdet ihr finden;
klopfet an, so wird euch aufgetan.

Matthäus 7,7

VOM HEILIGEN BISCHOF ZUM ZIPFELMÜTZENTRÄGER

Ein freundlich dreinschauender Mann, hager, mit hoher Denkerstirn, um die Schultern ein weißer Bischofsschal mit schwarzen Kreuzen. In seiner Linken hält er die Bibel zum Zeichen seiner Frömmigkeit: Seine Rechte formt sich zur orthodoxen Segensgeste. Es muss sich wohl um einen Heiligen handeln, denn seinen Kopf umgibt ein Heiligenschein. Eingefasst ist das Bildnis durch einen mit Edelsteinen und vier Plaketten mit den Symbolen der Evangelisten verzierten Rahmen.

Diese Ikone aus dem 10. Jahrhundert, die sich in der Pfarrkirche St. Johann in Aachen-Burtscheid befindet, gilt als älteste Darstellung des Heiligen Nikolaus im deutschsprachigen Raum.

Künstler Unbekannt, byzantinische Mosaik-Ikone, (10. Jahrhundert)

Viele Legenden ranken sich um diesen Bischof aus Kleinasien. Genauer gesagt um zwei Bischöfe mit Namen Nikolaus, die durch ihre Barmherzigkeit, Freigebigkeit, durch Wundertaten und ihre Freundlichkeit Kindern gegenüber aufgefallen sind. Zum einen gab es da im 4. Jahrhundert den Bischof Nikolaus von Myra aus Lykien in der heutigen Türkei, zum anderen Nikolaus von Sion, der im 6. Jahrhundert in Pinora wirkte. Die Geschichten, die man sich über die beiden erzählte, hatten sich schon unauflöslich miteinander verwoben, als Nikolaus im 9. Jahrhundert zu einem der wichtigsten Heiligen der orthodoxen Kirche wurde.

In der Legenda Aurea des Jacobus de Voragine, einem Buch voller Heiligenlegenden aus dem 13. Jahrhundert, findet sich auch die wohl bekannteste Nikolauslegende:

> *Nicolaus ist geboren aus der Stadt Patera, von frommen und reichen Eltern: sein Vater hieß Epiphanius, seine Mutter Johanna.*
>
> *Als das Kind zu Jahren kam, schied es sich von den Freuden der anderen Jünglinge und suchte die Kirchen mit Andacht; und was er da verstand von der heiligen Schrift, das behielt er mit Ernst in seinem Sinne. Als sein Vater und seine Mutter tot waren, begann er zu betrachten, wie er den großen Reichtum verzehre in Gottes Lob und nicht zu der Ehre der Menschen.*
>
> *Da war ein Nachbar, edel von Geburt und arm an Gut, der hatte drei Töchter, die wollte er in seiner Not in die offene Sünde der Welt stoßen* [er konnte es sich nicht leisten, sie zu verheiraten und wollte sie in die Prostitution schicken], *dass er von dem Preis ihrer Schande leben möchte. Als das Sanct Nicolaus hörte, entsetzte er sich über die Sünde; und ging hin und band einen Klumpen Goldes in ein Tuch und warf ihn des Nachts heimlich dem Armen durch ein Fenster in sein Haus und ging heimlich wieder fort. Da es Morgen ward, fand der Mann das Gold, dankte Gott, und richtete davon der ältesten Tochter Hochzeit aus. Nicht lange darnach tat Sanct Nicolaus*

das selbige zum andern Mal. Als der arme Mann wiederum das viele Gold fand, lobte er Gott von Herzen und setzte sich vor, hinfort zu wachen, dass er den Diener Gottes fände, der ihm in seiner Armut so zu Hilfe käme.

Darnach kürzlich warf Nicolaus Goldes zweimal so viel in das Haus denn zuvor; da erwachte der Mann von dem Falle des Goldes und eilte dem Heiligen nach und rief: »Steh stille und lass mich dein Antlitz schauen« und holte ihn ein und erkannte, dass es Sanct Nicolaus war; und fiel vor ihm nieder und wollte ihm seine Füße küssen. Das wehrte ihm Nicolaus und gebot ihm, dass er diese Tat nicht sollte offenbar machen, so lange er lebte.

Der Brauch, am Nikolaustag Stiefel vor die Tür oder an den Kamin zu stellen, um vom Nikolaus beschenkt zu werden, geht auf diese Legende zurück. In späteren Jahren wurde der Heilige von Künstlern häufig als weißbärtiger Mann im roten Bischofsgewand und mit roter Bischofsmütze auf dem Kopf dargestellt.

In der Folge der Aufklärung begann man langsam, die Figur aus ihrem religiösen Kontext herauszulösen. Der Nikolaus verlor seinen Umhang, den Bischofsstab und die Mitra. Stattdessen trug er nun eine Zipfelmütze und man stellte sich vor, er fahre in Pelz gekleidet mit einem Rentierschlitten umher. An Popularität allerdings verlor er nicht – inzwischen erfreute er sich auch in Amerika großer Beliebtheit. Der New Yorker Dichter Clement Clarke Moore beschrieb ihn 1822 als lustigen, rundlichen und rotbackigen Gesellen mit langem, weißem Bart und Pfeife.

Thomas Nast, Merry Old Santa Claus (1881), kolorierter Holzschnitt

An solche und ähnliche Vorstellungen knüpfte auch der Deutsch-Amerikaner Thomas Nast an, ein in Amerika berühmter Zeichner und Karikaturist. 1862 zeichnete er den Weihnachtsmann zum ersten Mal in dieser Form, es folgten viele weitere Bilder des neuen Santa Claus. 1931 schließlich griff der amerikanische Grafiker Haddon Sundblom die Figur auf und gestaltete sie zur Werbefigur eines großen Limonadenkonzerns aus. Über 30 Jahre lang zeichnete er jedes Jahr einen neuen Werbeweihnachtsmann und prägte dadurch weltweit die Vorstellung vom weihnachtlichen Gabenbringer, der inzwischen zur Leitfigur des weihnachtlichen Konsums geworden ist und nur noch entfernt an den alten Nikolaus erinnert.

ERWIN STRITTMATTER

Der Weihnachtsmann in der Lumpenkiste

In meiner Heimat gingen am Andreastage, dem 30. November, die Ruprechte von Haus zu Haus. Die Ruprechte, das waren die Burschen des Dorfes, in Verkleidungen, wie sie die Bodenkammern und die Truhen der Altenteiler, der Großeltern, hergaben. Die rüden Burschen hatten bei diesen Dorfrundgängen nicht den Ehrgeiz, friedfertige Weihnachtsmänner zu sein. Sie drangen in die Häuser wie eine Räuberhorde, schlugen mit Birkenruten um sich, warfen Äpfel und Nüsse, auch Backobst, in die Stuben und brummten wie alte Bären: »Können die Kinder beten?«

Die Kinder beteten, sie beteten vor Furcht kunterbunt: »Müde bin ich, geh zur Ruh ... Komm, Herr Jesu, sei unser Gast ... Der Mai ist gekommen ...« Lange Zeit glaubte ich, dass das Eigenschaftswort »ruppig« von Ruprecht abgeleitet wäre.

Wenn die Ruprechthorde die kleine Dorfschneiderstube meiner Mutter verließ, roch es in ihr noch lange nach verstockten Kleidungsstücken, nach Mottenpulver und reifen Äpfeln. Meine kleine Schwester und ich waren vor Furcht unter den großen Schneidertisch gekrochen. Die Tischplatte schien uns ein besserer Schutz als unsere Gebetchen zu sein, und wir wagten lange nicht hervorzukommen, noch weniger das Dörrobst und die Nüsse anzurühren.

Diese Verängstigung konnte wohl auch unsere Mutter nicht mehr mit ansehen, denn sie bestellte im nächsten Jahr die Ruprechte ab. Oh, was hatten wir für eine mächtige Mutter! Sie konnte die Ruprechte abbestellen und dafür das Christkind einladen.

Jahrsdrauf erschien bei uns also das Christkind, um die Ruppigkeit der Ruprechte auszutilgen. Das Christkind trug ein weißes Tüllkleid und ging in Ermangelung von heiligweißen Strümpfen – es war im Ersten Weltkrieg – barfuß in weißen Brautschuhen. Sein Gesicht war von einem großen Strohhut überschattet, dessen breite Krempe mit Wachswatte-Kirschen garniert war. Vom Rande der Krempe fiel dem Christkind ein weißer Tüllschleier übers Gesicht. Das holde Himmelskind sprach mit piepsiger Stimme und streichelte uns sogar mit seinen Brauthandschuhhänden. Als wir unsere Gebete abgerasselt hatten, wurden wir mit gelben Äpfeln beschenkt. Sie glichen den Goldparmänen, die wir als Wintervorrat auf dem Boden in einer Strohschütte liegen hatten. Das sollten nun Himmelsäpfel sein? Wir bedankten uns trotzdem artig mit Diener und Knicks, und das Christkind stakte gravitätisch auf seinen nackten Heiligenbeinen in Brautstöckelschuhen davon.

Meine Mutter war zufrieden. »Habt ihr gesehn, wie's Christkind aussah?«

»Ja«, sagte ich, »wie Buliks Alma, wenn sie hinter einer Gardine hervorlugt.«

Buliks Alma war die etwa vierzehnjährige Tochter aus dem Nachbarhause. An diesem Abend sprachen wir nicht mehr über das Christkind.

Vielleicht kam die Mutter wirklich nicht ohne den Weihnachtsmann aus, wenn sie sich tagsüber die nötige Ruhe in der Schneiderstube erhalten wollte. Jedenfalls erzählte sie uns nach dem missglückten Christkindbesuch, der Weihnachtsmann habe nunmehr seine Werkstatt über dem Bodenzimmer unter dem Dach eingerichtet. Das war eine dunkle, geheimnisvolle Ecke des Häuschens, in der wir noch nie gewesen waren. Eine Treppe führte nicht unter das Dach. Eine Leiter war nicht vorhanden. Die Mutter wusste geheimnisvoll zu berichten, wie sehr der Weihnachtsmann dort oben nachts, wenn wir schliefen, arbeitete, so dass uns das Umhertollen und Plappern vergingen, weil sich der Weihnachtsmann bei Tage ausruhen und schlafen musste.

Eines Abends vor dem Schlafengehn hörten wir den Weihnachtsmann auch wirklich in seiner Werkstatt scharwerken, und die Mutter war sicher dankbar gegen den Wind, der ihr beim Märchenmachen half.

»Soll der Weihnachtsmann Tag für Tag schlafen und Nacht für Nacht arbeiten, ohne zu essen?«

Diese Frage stellte ich hartnäckig.

»Wenn ihr artig seid, isst er vielleicht einen Teller Mittagessen von euch«, entschied die Mutter.

Also erhielt der Weihnachtsmann am nächsten Tage einen Teller Mittagessen. Mutter riet uns, den Teller an der Tür des Bodenstübchens abzustellen. Ich gab meinen Patenlöffel dazu. Sollte der Weihnachtsmann mit den Fingern essen?

Bald hörten wir unten in der Schneiderstube, wie der Löffel im Teller klirrte. Oh, was hätten wir dafür gegeben, den Weihnachtsmann essen sehen zu dürfen! Allein, die gute Mutter warnte uns, den alten wunderlichen Mann zu vergrämen, und wir gehorchten.

Von nun an wurde der Weihnachtsmann täglich von uns beköstigt. Wir wunderten uns, dass Teller und Löffel, wenn wir sie am späten Nachmittag vom Boden holten, blink und blank waren, als wären sie durch den Abwasch gegangen. Der Weihnachtsmann war demnach ein reinlicher Gesell, und wir bemühten uns, ihm nachzueifern. Wir schabten und kratzten nach den Mahlzeiten unsere Teller aus, und dennoch waren sie nicht so sauber wie der Teller des heiligen Mannes auf dem Dachboden.

Nach dem Mittagessen hatte ich als Ältester, um meine Mutter in der nähfädelreichen Vorweihnachtszeit zu entlasten, das wenige Geschirr zu spülen, und meine Schwester trocknete es ab. Da der Weihnachtsmann sein Essgeschirr in blitzblankem Zustande zurücklieferte, versuchte ich, ihm auch das Abwaschen unseres Mittagsgeschirrs zu übertragen. Es glückte. Ich ließ den Weihnachtsmann für mich abwaschen, und meine Schwester war nicht böse, wenn sie die zerbrechlichen Teller nicht abzutrocknen brauchte.

War's Forscherdrang, der mich zwackte, war's, um mich bei dem Alten auf dem Dachboden beliebt zu machen, ich begann ihm außerdem auf eigene Faust meine Aufwartungen zu machen.

Bald wusste ich, was ein Weihnachtsmann gern aß: Von einem Rest Frühstücksbrot, den ich ihm hinaufgetragen hatte, aß er nur die Margarine herunter. Der Großvater schenkte mir ein Zuckerstück, eine rare Sache in jener Zeit. Ich brachte das Naschwerk dem Weihnachtsmann. Er verschmähte es. Oder mochte er es nur nicht, weil ich es schon angeknabbert hatte? Auch einen Apfel ließ er liegen, aber eine Maus aß er. Dabei hatte ich ihm die tote Maus nur in der Hoffnung hingelegt, er würde sie wieder lebendig machen; hatte er nicht im Vorjahr einen neuen Schweif an mein altes Holzpferd wachsen lassen?

So, so, der Weihnachtsmann aß also Mäuse! Vielleicht würde er sich auch über Heringsköpfe freuen. Ich legte drei Heringsköpfe vor die Tür der Bodenstube, und da mein Großvater zu Besuch war, hatte ich sogar den Mut, mich hinter der Lumpenkiste zu verstecken, um den Weihnachtsmann bei seiner Heringskopfmahlzeit zu belauschen. Mein Herz pochte in den Ohren. Lange brauchte ich nicht zu warten, denn aus der Lumpenkiste sprang – murr, marau – unsere schwarzbunte Katze.

Ich schwieg über meine Entdeckung und ließ fortan meine Schwester den Teller Mittagessen allein auf den Boden bringen.

Bis zum Frühling bewahrte ich mein Geheimnis, aber als in der Lumpenkiste im Mai, da vor der Haustür der Birnbaum blühte, vier Kätzchen umherkrabbelten, teilte ich meiner Mutter dieses häusliche Ereignis so mit: »Mutter, Mutter, der Weihnachtsmann hat Junge!«

WEIHNACHTSMANN ODER JESUS?

Ein wenig Tannengrün und Lichterketten, aufblasbare Weihnachtsmänner an den Hausfassaden, in den Geschäften tönt »Jingle Bells« aus den Lautsprechern. Man liest Geschichten vor von Rudolph dem rotnasigen Rentier und vom Weihnachtsmann, der mit seinen Elfen am Nordpol die Geschenke vorbereitet. Woher weiß der eigentlich, was ich mir wünsche? In der Schule basteln die Kinder Schneekristalle fürs Fenster. Auf dem Weihnachtsmarkt gibt es Leckereien, Glühwein und allerlei hübsche Dinge zum Verschenken: von duftender Seife über Schmuck bis zum Teller mit dem eigenen Namen. Und natürlich gibt es Spielzeug und Karusselle, Straßenkünstler und viele Menschen mit roten Zipfelmützen auf dem Kopf. Weihnachten steht vor der Tür.

Man kommt inzwischen tatsächlich problemlos durch die Advents- und Weihnachtszeit, ohne sich mit Gott und dem seltsamen Kind aus dem Stall konfrontiert zu sehen. Langsam aber sicher verliert dieses oft mit Gefühlen und Erwartungen überladene Fest die Verbindung zu seinem Ursprung. Weihnachten wird gefeiert, weil es alle machen und weil es nach den Feiertagen viele coole neue Dinge zum Vorzeigen gibt. Nicht auszudenken, wenn man da nicht mithalten könnte ... Tatsächlich feiern auch immer mehr nichtchristliche Familien Weihnachten, vor allem wenn Kinder da sind, denn sie sollen doch mitreden können.

Weihnachten ist in großen Teilen zum Ausdruck der alles durchdringenden Konsumreligion geworden, von der kaum jemand lassen will, obwohl längst feststeht, dass sie nicht trägt.

Weiß das nicht im Grunde jeder und kennt den schalen Geschmack, den solch sinnentleerte Events meist hinterlassen? Doch die Motivation, daran etwas zu ändern, verpufft meist schnell wieder. Lieber deckt man das ungute Gefühl mit noch ein paar Geschenken mehr zu.

Die alten Sehnsüchte, Fragen und Hoffnungen, die dieses Fest seit jeher aufwirft, sind jedoch nicht verschwunden. Sie suchen sich Ausdruck in den rührseligen Filmen und Schlagersendungen, die zur Weihnachtszeit im Fernsehen laufen, in der weihnachtlichen Spendenbereitschaft der Menschen, den lauter werdenden Rufen nach Frieden in der Welt, den aufkeimenden Bedürfnissen nach Familienharmonie und wenigstens kleinen Momenten der Besinnung.

Wer diese Momente nutzt, um seinen Sehnsüchten nachzugehen, der wird vielleicht entdecken, dass sie sich kaum unterscheiden von denen der Menschen anderer Zeiten. Alte Traditionen geben Auskunft darüber und über die Antworten, die die Generationen der Vorfahren auf ihre Fragen gefunden haben. Nicht alles lässt sich in neue Zeiten retten, anderes bleibt zeitlos gültig. In jedem Fall aber zeigen solche Traditionen, wie wichtig es ist, sich immer wieder Zeit zu nehmen, um hinter die Dinge zu schauen und sich in seinem Leben die Erfahrung von Tiefe und Sinn zu gönnen.

Ob der Weihnachtsmann da helfen kann? Was ist er schon gegen dieses Kind dort in der Krippe – selbst wenn man auch diese Geschichte als Legende versteht. Gegen einen Gott, der sich in Windeln wickeln lässt, um den Menschen zu zeigen, wie nah er ihnen sein möchte? Was ist der kindliche Glaube an einen Geschenkebringer, der zwangsläufig irgendwann enttäuscht wird, gegen die ins Erwachsenenleben gerettete Gewissheit, dass es da mehr gibt als die sichtbare Welt: ein »Ja« zum Leben, auch zu meinem, eine Liebe, die über alle irdischen Grenzen hinausreicht?

Dass Kinder an den Weihnachtsmann glauben, schadet übrigens überhaupt nicht. Im Alter zwischen drei und sechs machen sie eine Phase durch, in der sie sich vieles in der Welt magisch zu erklären versuchen. Monster, Hexen, Feen und eben auch der Weihnachtsmann gehören für sie zur Realität. Dagegen können und sollten Eltern nicht viel machen. Diese magischen Fantasien geben sich mit der Zeit ganz von selbst wieder – und durch den Kontakt mit älteren Spielkameraden erfahren die Kinder auch früh genug, dass hinter dem üppigen Rauschebart immer der Nachbar aus dem dritten Stock gesteckt hat. Mit diesem Wissen können sie sich dann stolz zu den Großen zählen.

Schade wäre es allerdings, wenn mit dem Weihnachtsmannglauben auch gleich der ganze Zauber des Weihnachtsfestes verlorenginge, weil mit dem Fest kein tieferer Sinn mehr verbunden werden kann.

Morgen kommt der Weihnachtsmann

Morgen kommt der Weihnachtsmann,
Kommt mit seinen Gaben.
Trommel, Pfeife und Gewehr,
Fahn und Säbel und noch mehr,
Ja ein ganzes Kriegesheer,
Möcht' ich gerne haben.

Bring' uns, lieber Weihnachtsmann,
Bring' auch morgen, bringe
Musketier und Grenadier,
Zottelbär und Panthertier,
Ross und Esel, Schaf und Stier,
Lauter schöne Dinge.

Doch du weißt ja unsern Wunsch,
Kennest unsere Herzen.
Kinder, Vater und Mama,
Auch sogar der Großpapa,
Alle, alle sind wir da,
Warten dein mit Schmerzen.

Hoffmann von Fallersleben

Weihnachten entrümpeln

Brummt Ihnen rund um Weihnachten auch manchmal der Schädel vor lauter Nikoläusen und Christkindern, Dekoangeboten und Weihnachtsfeiern, Erwartungen und Gefühlen? Dann entrümpeln Sie das Fest. Konzentrieren Sie sich auf die Traditionen und Symbole, die Ihnen wirklich etwas bedeuten. Niemand muss jeden Trend mitmachen. Erklären Sie den Mitmenschen, warum Sie pro Jahr nur noch an einer Weihnachtsfeier teilnehmen – Sie werden sehen, Sie sprechen den anderen eigentlich aus der Seele. Gönnen Sie sich die Zeiten der Ruhe oder der Gemeinschaft, nach denen Sie sich sehnen.

Besonders mit Kindern macht es Spaß, sich jedes Jahr auf eine einzelne Tradition oder ein Symbol rund um Weihnachten zu konzentrieren. Finden Sie gemeinsam alles darüber heraus: Warum ist es uns wichtig? Was bedeutete es den Menschen früher? Erzählen Sie Geschichten – und erzählen Sie von sich selbst. Die Ergebnisse können in Bildern oder Basteleien festgehalten werden. So bekommen das eigene Handeln und die Geschehnisse rund um das Fest langsam ihre Sinndimension zurück.

Übrigens – Das Christkind

Da gibt es ja auch noch das Christkind. Ein zartes Wesen als Geschenkebringer, von dem niemand so genau weiß, wer oder was es eigentlich sein soll. Heute hauptsächlich in katholischen Regionen verbreitet, war es ursprünglich wohl eine Erfindung Martin Luthers. Der nämlich wollte der verbreiteten Heiligenverehrung ein Ende setzen und deshalb am liebsten auch die Tradition um den Heiligen Nikolaus abschaffen. Stattdessen sollten sich die Kinder auf Jesus konzentrieren. Geschenke sollte es nicht mehr am Nikolaustag geben, sondern an Weihnachten – und zwar vom »heiligen Christ«. Luther meinte, die Freude über das Kind in der Krippe als Geschenk Gottes an die Menschen könne noch vergrößert werden, wenn Kinder an seinem Geburtstag beschenkt würden. Mit der Zeit wurde der »heilige Christ« zum Christkind und seine Verbindung zu Jesus wurde immer nebulöser. Die Vorstellung, es handle sich beim Christkind um ein engelhaftes, weibliches Wesen, geht vermutlich auf Krippenspiele und Weihnachtsumzüge zurück, bei denen die Schar der Engel von einem »Christkind« geleitet wurde.

ZUM WEITERDENKEN

Kontaktadressen: An das Christkind
51777 Engelskirchen

An den Nikolaus
66351 St. Nikolaus

An den Weihnachtsmann
21709 Himmelpforten

Vorlesen: Antonie Schneider. Die Geschichte vom
Heiligen Nikolaus, Coppenrath 2003
Nikolauslegenden für Kinder ab vier.

Lesen: Torkild Hinrichsen. Weihnachtsbriefe und
Wunschzettel: Vom 18. Jahrhundert bis heute,
Husum Verlag 2010
Kleines Büchlein über die Tradition
des weihnachtlichen Wünschens.

Franz Bohumil Doubek, O du fröhliche, o du selige, gnadenbringende Weihnachtszeit (1909)

Musik

Und alsbald war da
bei dem Engel
die Menge der
himmlischen Heerscharen,
die lobten Gott:
»Ehre sei Gott in der Höhe
und Friede auf Erden
bei den Menschen
seines Wohlgefallens«.

Lukas 2,13f.

O DU FRÖHLICHE

Ein bürgerliches Wohnzimmer in warmes Licht getaucht. Rechts im Bild ein kleiner Tisch, auf dem ein reich geschmückter Weihnachtsbaum steht. Der Vater entzündet gerade die letzten Kerzen. Auf dem Tisch und einem Hocker davor liegen schon die Geschenke bereit. Doch zuerst wird musiziert. Im Hintergrund sitzt die Mutter schon am Klavier und greift in die Tasten. Um sie herum haben sich die vier Kinder gruppiert. Gleich wird gesungen. Das Nesthäkchen allerdings scheint noch nicht so ganz bei der Sache zu sein. Schüchtern schmiegt es sich an Mutters Seite und schaut gebannt zum Gabentisch herüber. Ob die schöne Puppe wohl für sie ist? Die Großmutter vorn im Bild hat es sich dagegen schon in ihrem Sessel bequem gemacht und scheint die Darbietung zu erwarten.

Der tschechische Maler Franz Bohumil Doubek hat in diesem Gemälde festgehalten, was spätestens seit seiner Kindheit im 19. Jahrhundert Tradition war in bürgerlichen Familien. Für die einen eine Freude, für die unmusikalischen aber ein eher unangenehmes Unterfangen. Wer erinnert sich nicht an die erwartungsvollen Blicke der Eltern und Großeltern, die unter dem Weihnachtsbaum nun endlich das Ergebnis des teuren Musikunterrichts präsentiert bekommen wollten? Holperig und mit ein paar schrägen Tönen verziert gibt man das einstudierte, nicht enden wollende Stück zum Besten, bis die Verwandtschaft endlich verhalten zu klatschen beginnt. Uff, geschafft, nun geht es ans Geschenkeauspacken – da könnte man glatt singen vor Freude.

HELENE HALUSCHKA

Die Legende von den musizierenden Mönchen

(gekürzt)

Es ist schon lange her, denn damals war im Staub der Erde die Fußspur des Bruders Franziskus noch nicht gelöscht. Zu jener Zeit lebte in tiefer Waldabgeschiedenheit eine Bruderschaft alter, sehr alter Mönche, so alt, dass mancher unter ihnen mit dem Fuße schon an der Schwelle des Paradieses stand, ihre Herzen aber waren jung und warm geblieben im Dienste Gottes, ihre Liebe so glühend, dass ihr Lobpreisen, ihre Dankeshymne immer kräftiger erscholl, je schwerer die Jahre auf die Schultern drückten und je mehr sich ihre Häupter mit Schnee bedeckten. Man hörte sie von Weitem singen, die braven Brüder, und angesichts dieser unverwüstlichen Freude fragten sich manche Menschenkinder verwundert: »Worüber freuen sich denn die ehrwürdigen Fratres, die haben doch gar keinen Grund zur Freude?«

Wirklich, was die Menschenkinder sprachen, war wahr. Die ehrwürdigen Fratres besaßen nichts von all dem, was das Leben schön macht auf irdische Art. Sie bewohnten eine Felsenhöhle im Walde, deren zerklüftete Spalten ihnen als Fenster dienten und deren einziger Luxus eine breite Holztüre war, die ein Unbekannter, ein Engel vielleicht, in einer Winternacht vor den Ausgang geschoben hatte. Es blies damals, arg wie der Teufel, der Nordwind vor der Spalte, und man hörte die Wölfe nahe heulen.

Die Mönche dankten Gott für die Türe und sangen ihre Dankbarkeit laut in den Wald hinaus. Doch da sie nun einmal Menschen waren, hatte in den rauen Tagen der Klang ihrer Stimmen gelitten, und die böse Welt begann, den Lobgesang als störend zu empfinden, umso mehr, da er sie in ihrem Vergnügen, in ihrem Wohlleben, in ihrer Lust störte.

»Hören diese Mönchlein nicht bald auf?«, brummten die Faulen, »sie wecken uns aus dem Schlaf.«

»Es vergeht uns der Appetit«, klagten die Gefräßigen.

»Das klingt wie Totengeläute«, sagten die Bösen.

»Dieses Geschrei geht einem durch Mark und Bein«, sagten die Gottlosen.

»Wenn auch nicht gerade das«, sagten die tanzenden Jünglinge, »aber gottsjämmerlich falsch singen sie wirklich.«

Und das – leider – war das einzig Wahre an dem Gerede der Welt. Die braven Mönche sangen falsch, erbärmlich falsch. Sie hatten wohl eine gute Entschuldigung für sich. Einige von ihnen waren schwerhörig geworden, und aus Angst, mit den anderen nicht Schritt halten zu können, liefen sie immer ein paar Takte voraus, andere wieder konnten sich nach so vielen Jahren auf ihre eigene Stimme nicht mehr besinnen und wussten nicht, ob sie Tenor, Bariton oder Bass waren, und sangen im Übereifer alle Stimmen durcheinander. Dann gab es einen lieben Bruder, der nur eine einzige, tiefe, schöne Note in der Kehle hatte, und der gab er mit Begeisterung alles, was er besaß.

»Der ehrwürdige Bruder Laurentius ist ein Brummer«, hatte sich längst die Nachtigall im Walde beklagt. »Und der Bruder Bonifatius hat dafür um keinen Groschen Gehör«, pfiff eine Amsel.

»Es ist ein Jammer«, machte sich der Dompfaff wichtig. Und die Vögel, denen einst der Bruder Franziskus gepredigt hatte, versteckten ihre Häupter unter den Flügeln, um nicht hören zu müssen, wenn im tiefsten Walde ein Tedeum oder ein Ave erscholl.

Bald verstanden die Mönche den stummen Vorwurf der Vögel und es traf sie tiefer als das laute Schelten der Welt. Trotzdem führten sie in aller Demut fort, Gott mit den bescheidenen Mitteln zu preisen, die ihnen zur Verfügung standen.

Weihnachten kam. Der Wald war eine einzige weiße Kapelle, in der die Wintersonne blassen Kerzenschimmer auf die hängenden Eiszapfen zauberte. Bis spät in die Nacht hatten die Mönche am Heiligen Abend gebetet, und als sie sich nun zum Gesang erhoben, da klopfte es an der Türe. »Herein«, riefen die Brüder im Chor und stießen die Türe auf. Ein junger Mann stand auf der Schwelle und bat, halb erfroren, um Obdach und Brot.

Die Bruderschaft empfing ihn, wie sie einen Gesandten Gottes empfangen hätte.

Der Jüngling nahm, was ihm geboten wurde, er verschlang, was halbwegs essbar war, und dankte für das gerettete Leben. Er erzählte, wie er, ein junger Sänger, vom Hof des Prinzen bei Nacht und Kälte fliehen musste, um den Intrigen zu entgehen, die der Neid um die Gunst des Prinzen gegen ihn gesponnen hatte.

»Ein Sänger«, sagten die glänzenden Mönchsaugen, »ein richtiger Sänger unter uns«, freuten sich die guten Brüder. »Das wird eine Mitternachtsmesse werden!«, jubelte Bruder Laurentius. »Alle werden sie zuhören müssen!«

So wurde es auch. Der Sänger sang, wie diesem Walde noch nie gesungen wurde, so herrlich schön, dass Wiese, Flur und Dorf nur ein lauschendes Ohr waren. Keiner der Brüder tat an diesem Abend den Mund auf. Sie falteten in tiefer Andacht die Hände, und Tränen der Begeisterung liefen über ihre gefurchten Wangen.

Der Himmel musste sich ganz nahe über sie gesenkt haben, um diesem weihnachtlichen, herrlichen Lobgesang zuzuhören. Sie segneten den jungen Sänger aus tiefstem Herzen, und der war so sehr darüber gerührt, dass er beschloss, noch einen Tag zu bleiben und mit ihnen zur Dorfkapelle zu gehen.

Es tagte noch nicht, als sie zur Frühmesse aufbrachen, und gespenstisch lösten sich aus dem Dunkel der Nacht die noch dunkleren Gestalten der Bauern, die aus ihren Dörfern zur Kapelle pilgerten.

Als die Mönche die Türe der Kapelle öffnen wollten, strahlte ihnen ein Licht entgegen, so blitzhell, dass sie zuerst geblendet ihre Augen schlossen. In heller Glorie stand ein Engel da, und als sie endlich schauen konnten, da merken sie, dass er sie traurig ansah.

»Was ist mit den ehrwürdigen Brüdern geschehen?«, fragte er milde, »dass wir in der Heiligen Nacht ihren herrlichen Gesang entbehren mussten?«

Der große strahlende Engel musste seine Frage mehrfach wiederholen, ehe die Mönche begriffen, dass sie ihnen galt.

»Wir – und herrlicher Gesang! Verzeihung himmlischer Bruder und gnädiger Herr, aber das sind doch nicht wir? Wir singen falsch, wie allgemein bekannt«, erwiderten sie im Chor.

»Ich bin doch ein Brummer«, klagte sich Bruder Laurentius an.

»Und ich habe kein Gehör«, sagte ein anderer.

»Mir verschlägt es immer die Stimme«, seufzte ein dritter.

»Es ist ein rechtes Gejammer«, gestanden sie alle ehrlich ein.

Der Engel schüttelte den Kopf.

»Wir da droben hören nur das herrliche Loblied, das aus der Tiefe eurer Herzen kommt, und gestern Abend haben wir es in unserer Seligkeit entbehrt.«

»Für uns hat ein begnadeter Sänger gesungen, habt ihr nicht seiner wundervollen Stimme gelauscht?«

»Nein«, sagte nachdenklich der Engel. »Die schönste Stimme kann uns nicht erreichen, wenn sie ihrer selbst nicht vergessen kann und wenn sie nicht von Gottes Liebe beseelt ist.«

Der Engel verschwand, alle knieten sich auf die Schwelle der Kapelle; und der Sänger, der nichts gesehen und gehört hatte, als zuerst den Schrecken und dann die Anbetung der Mönche, ließ sich erzählen, was geschehen war, und senkte den Kopf.

»Betet für mich, ehrwürdige Brüder«, bat er ernst, »damit eines Tages auch meine Stimme würdig wird, den Weg zum Himmel zu finden.«

Die musizierenden Mönche aber setzten ihren Lobgesang fort bis zu ihrem Tode, und der letzte Bruder Laurentius sang noch am Sterbelager mit jener wohlklingenden Stimme, die nur einen Ton hatte.

ZAUBER DER MUSIK

»Die Musik schließt dem Menschen ein unbekanntes Reich auf, eine Welt, die nichts gemein hat mit der äußeren Sinnenwelt, die ihn umgibt und in der er alle bestimmten Gefühle zurücklässt, um sich einer unaussprechlichen Sehnsucht hinzugeben«, meinte der Schriftsteller E.T.A. Hoffmann einst. Da ist etwas dran.

Seit Urzeiten musizieren Menschen, um ihre Verbundenheit mit der Natur und dem Leben zum Ausdruck zu bringen und dem, was dahinter aufscheint, näherzukommen, um Gefühle auszudrücken oder zu heilen. Bei Festen und Ritualen aller Art spielte Musik schon immer die Hauptrolle. Aber auch im Alltag wurde immer wieder gesungen und musiziert. Heute dagegen wird Musik hauptsächlich konsumiert, wie alles andere auch. Ein Knopfdruck und irgendein »One-Hit-Wonder« bringt den scheinbar perfekten Sound in die Wohnung.

Schon in der Kindheit geschürte Ängste und Vorurteile lassen viele Menschen glauben, sie selbst seien unmusikalisch. Lieder, die länger im Ohr bleiben, als sie in den Charts vertreten sind, werden selten.

Das ändert sich auf wundersame Weise in der Advents- und Weihnachtszeit. Plötzlich erinnert man sich an Kindertage und beginnt, vor sich hinzusummen. Weihnachtskonzerte und Singabende in der Kirche erfreuen sich großer Beliebtheit. Auf einmal stellt man fest, wie reich der Schatz an alten Liedern und Melodien eigentlich ist. Solch alte Lieder verbinden einen mit der Vergangenheit und lassen einen eintauchen in fremde Gedankenwelten und Fantasien.

Musik spricht die Gefühle an. Sie macht offen für all das, was sich hinter der grauen Alltagsrationalität versteckt. Deshalb eignet sie sich auch besonders gut, um religiöse Inhalte zu vermitteln.

Das erkannte schon der musikbegeisterte Reformator Martin Luther. Er trug mit dazu bei, dass die Menschen in Gottesdiensten selbst und in ihrer eigenen Sprache zu singen begannen. In Weihnachtsliedern wie seinem »Vom Himmel hoch« kommen uralte Gedanken verdichtet zum Ausdruck.

Vom Himmel hoch, da komm' ich her

Text & Musik: Martin Luther

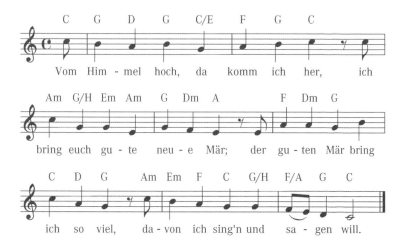

Vom Him - mel hoch, da komm ich her, ich
bring euch gu - te neu - e Mär; der gu - ten Mär bring
ich so viel, da - von ich sing'n und sa - gen will.

2. Euch ist ein Kindlein heut' geborn
   Von einer Jungfrau auserkorn,
   Ein Kindelein, so zart und fein,
   Das soll eu'r Freud und Wonne sein.

3. Es ist der Herr Christ, unser Gott,
   Der will euch führn aus aller Not,
   Er will eu'r Heiland selber sein,
   Von allen Sünden machen rein.

4. Er bringt euch alle Seligkeit,
   Die Gott der Vater hat bereit,
   Dass ihr mit uns im Himmelreich
   Sollt leben nun und ewiglich.

5. So merket nun das Zeichen recht:
   Die Krippe, Windelein so schlecht,
   Da findet ihr das Kind gelegt,
   Das alle Welt erhält und trägt.

6. Des lasst uns alle fröhlich sein
   Und mit den Hirten gehn hinein,
   Zu sehn, was Gott uns hat beschert,
   Mit seinem lieben Sohn verehrt.

7. Merk auf, mein Herz, und sieh dorthin!
   Was liegt dort in dem Krippelein?
   Wes ist das schöne Kindelein?
   Es ist das liebe Jesulein.

8. Sei mir willkommen, edler Gast!
   Den Sünder nicht verschmähet hast
   Und kommst ins Elend her zu mir,
   Wie soll ich immer danken dir?

9. Ach, Herr, du Schöpfer aller Ding,
   Wie bist du worden so gering,
   Dass du da liegst auf dürrem Gras,
   Davon ein Rind und Esel aß!

10. Und wär' die Welt vielmal so weit,
    Von Edelstein und Gold bereit',
    So wär sie doch dir viel zu klein,
    Zu sein ein enges Wiegelein.

11. Der Sammet und die Seide dein,
    Das ist grob Heu und Windelein,
    Darauf du König groß und reich
    Herprangst, als wär's dein Himmelreich.

12. Das hat also gefallen dir,
    Die Wahrheit anzuzeigen mir:
    Wie aller Welt Macht, Ehr und Gut
    Vor dir nichts gilt, nichts hilft noch tut.

13. Ach, mein herzliebes Jesulein,
    Mach dir ein rein, sanft Bettelein,
    Zu ruhen in meins Herzens Schrein,
    Dass ich nimmer vergesse dein.

14. Davon ich allzeit fröhlich sei,
    Zu springen, singen immer frei
    Das rechte Susaninne schon,
    Mit Herzenslust den süßen Ton.

15. Lob, Ehr sei Gott im höchsten Thron,
    Der uns schenkt seinen ein'gen Sohn.
    Des freuen sich der Engel Schar
    Und singen uns solch neues Jahr.

Gemeinsam Singen

Kinder, die nicht von selbst Interesse daran zeigen, sollte man nicht zu Einzelvorträgen unterm Weihnachtsbaum zwingen. Viel sinnvoller, gerade an den hektischen Weihnachtstagen, ist das gemeinsame Singen. Dieses Ritual ist, wenn alle Freude daran finden, bestens geeignet, um Entspannung in den Trubel zu bringen. Denn gemeinsames Singen beruhigt Puls und Atmung, der Blutdruck normalisiert sich und die Anwesenden stimmen sich aufeinander ein. Der verbreiteten Scham und »Ich-kann-das-nicht«-Angst wirkt man am besten entgegen, indem man die restliche Familie nicht erst am Weihnachtstag mit diesem Einfall überrascht, sondern das Singen schon in der Adventszeit zum gemeinsamen Ritual macht. Und wer in seiner eigenen Familie keine Mitsänger findet – in der Kirche trifft man an Weihnachten auf viele Menschen, mit denen es sich ganz wunderbar singen oder doch zumindest brummeln lässt.

Übrigens – Stille Nacht

*Das weltweit bekannteste und beliebteste Weihnachts-
lied ist das Lied »Stille Nacht, heilige Nacht«. In Österreich,
dem Land, in dem es Anfang des 19. Jahrhunderts gedich-
tet und komponiert wurde, wurde es sogar zum imma-
teriellen Kulturerbe erklärt. Manch einer mag den »holden
Knaben im lockigen Haar« für ziemlich kitschig halten –
Michael Neureiter, der Präsident der Stille-Nacht-Gesell-
schaft (ja, die gibt es wirklich) dagegen ist sich sicher: Das
Lied »hat deshalb diesen Welterfolg, weil es in Text und
Melodie zur persönlichen Besinnung anregt, die gemeinsame Festkultur prägt und den weltweiten Frieden för-
dern will!«*[1]

ZUM WEITERDENKEN

Singen: Klaus Brecht / Klaus K. Weigele (Hrsg.). Weihnachtslieder.
Texte und Melodien mit Harmonien. Mit CD zum Mitsingen,
Reclam 2012
Ein wunderschön gestaltetes Weihnachtsliederbuch mit alten
und neueren Weihnachtsliedern zum (Wieder-)Entdecken.

Surfen: www.singen-schenken.de/
Verschenken Sie doch mal ein Lied. Hier können Sie selbst-
gesungene Weihnachtslieder als Videogrußkarte verschicken.

1 Vgl. http://stillenacht.at/de/neuigkeiten-details.asp?id=765&font=bigger.

Zug der Weisen aus dem Morgenland, Mosaik im Langhaus, Sant' Apollinare Nuovo, Ravenna (6. Jh.)

Geschenke

Als sie den Stern sahen,
wurden sie hocherfreut
und gingen in das Haus
und fanden das Kindlein
mit Maria, seiner Mutter,
und fielen nieder
und beteten es an
und taten ihre Schätze auf
und schenkten ihm Gold,
Weihrauch und Myrrhe.

Matthäus 2,10f.

GOLD, WEIHRAUCH UND MYRRHE

Da eilen sie über eine bunte Blumenwiese. Die Palmbäume im Hintergrund tragen reiche Frucht. Kein Schnee, auf den Köpfen keine Kronen, sondern phrygische Zipfelmützen – und doch erkennt man gleich, um wen es sich hier wohl handelt. Sowohl ihre Kleidung als auch die exotische Umgebung, durch die sie reisen, weisen darauf hin, dass sie von weit her gekommen sein müssen. Die drei Weisen – oder besser gesagt Magier und Sterndeuter – aus dem Morgenland sind es. Sie folgen dem Stern, der oben rechts am Himmel erstrahlt. Behutsam tragen sie die großen, reich verzierten Gefäße vor sich her, in denen sich die Geschenke für das Jesuskind befinden.

Das farbenfrohe Mosaik stammt aus dem 6. Jahrhundert und befindet sich in einer Basilika im italienischen Ravenna. Obwohl in der Bibel gar nicht erwähnt wird, wie viele Sterndeuter sich auf den Weg machten, um den »neugeborenen König der Juden« zu suchen, ging man wohl schon damals davon aus, dass es drei waren – entsprechend der Zahl der Geschenke. Später setzte man die Weisen mit schenkenden Königen gleich, von denen im Alten Testament berichtet wird. So kommt es, dass heute meist von drei Königen die Rede ist.

Astrologen galten damals als diejenigen, die sich mit den Grundfragen der Existenz aller Dinge beschäftigten. Der Evangelist Matthäus lässt diese Wahrheitssucher im Kontrast zu den Jerusalemer Priestern und Schriftgelehrten auftreten, die bis zum Erscheinen der drei Fremden offensichtlich nichts von der Geburt eines besonderen Kindes geahnt hatten. Auf diese Weise führt der Evangelist seine Überzeugung vor Augen, dass der christliche Glaube von Anfang an auch für nichtjüdische Menschen bestimmt war.

Kostbare Geschenke bringen die Drei dem Jesuskind mit. Doch handelt es sich dabei nicht etwa um Spielzeug, Babykleidung oder süßen Brei, wie man es bei einem Geburtsgeschenk erwarten würde. Nein, die Weisen haben die Sterne offensichtlich gründlich studiert und in Erfahrung gebracht, dass hinter diesem Kind viel mehr steckt, als ein normaler Königssohn. Symbolische Geschenke haben sie gewählt: Das Gold als Zeichen dafür, dass man in Jesus den »König der Juden« sah. Den Weihrauch, den man seit jeher zu Ehren Gottes verbrannte, als Symbol für seine Göttlichkeit. Und Myrrhe, eine uralte Medizin, zum Zeichen dafür, dass Jesus trotzdem ein normaler Mensch war. Wie tief müssen sie sich mit diesem Kind auseinandergesetzt haben, um ihm solche Geschenke machen zu können?

O. HENRY (WILLIAM SYDNEY PORTER)

Das Weihnachtsgeschenk

(gekürzt)

Ein Dollar und siebenundachtzig Cent. Das war alles. Und morgen war Weihnachten. Da blieb einem nichts anderes, als sich auf die schäbige kleine Chaise zu werfen und zu heulen.

Sie fuhr mit der Puderquaste über ihre Wangen. Sie stand am Fenster und blickte trübselig hinaus auf eine graue Katze, die auf einem grauen Zaun in einem grauen Hinterhof spazierte. Morgen war Weihnachten, und sie hatte nur einen Dollar siebenundachtzig, um für Jim ein Geschenk zu kaufen. Monatelang hatte sie jeden Penny gespart, wo sie nur konnte, und dies war das Resultat. Zwanzig Dollar die Woche reichten nicht weit. Die Ausgaben waren größer gewesen, als sie gerechnet hatte. Das ist immer so. Nur einen Dollar siebenundachtzig, um für Jim ein Geschenk zu kaufen. Für ihren Jim. So manche glückliche Stunde hatte sie damit verbracht, sich etwas Hübsches für ihn auszudenken. Etwas Schönes, Seltenes, Gediegenes – etwas, was annähernd der Ehre würdig war, Jim zu gehören.

Plötzlich wirbelte sie von dem Fenster fort und stand vor dem Spiegel. Ihre Augen glänzten und funkelten, aber ihr Gesicht hatte in zwanzig Sekunden die Farbe verloren. Flink löste sie ihr Haar und ließ es in voller Länge herabfallen. Zwei Dinge besaßen sie, auf die sie beide unheimlich stolz waren. Das eine war Jims goldene Uhr, die seinem Vater und davor seinem Großvater gehört hatte. Das andere war Dellas Haar. Jetzt floss also Dellas Haar wellig und glänzend an ihr herab wie ein brauner Wasserfall. Es reichte bis unter die Kniekehlen und umhüllte sie wie ein Gewand. Nervös und hastig steckte sie es wieder auf. Einen Augenblick taumelte sie und stand ganz still, während ein paar Tränen auf den abgetretenen Teppich fielen.

Die alte braune Jacke angezogen, den alten braunen Hut aufgesetzt, und mit wehenden Röcken und immer noch das helle Funkeln in den Augen, schoss sie zur Tür hinaus und lief die Treppe hinab auf die Straße. Wo sie stehenblieb, lautete das Firmenschild Mme. Sofronie. Alle Sorten Haarersatz. Della rannte die Treppe hinauf und versuchte atemschöpfend, sich zu sammeln.

»Wollen Sie mein Haar kaufen?«, fragte Della. »Ich kaufe Haar«, sagte Madame. »Nehmen Sie den Hut ab, damit wir es einmal ansehen können.« Der braune Wasserfall stürzte in Wellen herab. »Zwanzig Dollar«, sagte Madame, mit kundiger Hand die Masse anhebend. »Geben Sie nur schnell her«, sagte Della.

Oh, und die nächsten beiden Stunden durchwühlte sie die Läden nach dem Geschenk für Jim. Schließlich fand sie es. Es war eine Uhrkette aus Platin, einfach und edel im Dessin – wie es bei allen guten Dingen sein sollte. Sie war sogar der Uhr würdig. Kaum hatte sie die Kette erblickt, als sie auch schon wusste, dass sie Jim gehören müsse. Einundzwanzig Dollar nahm man ihr dafür ab, und mit den siebenundachtzig Cent eilte sie nach Hause. Mit dieser Kette an der Uhr konnte Jim wirklich in jeder Gesellschaft um die Zeit besorgt sein. So großartig die Uhr war, manchmal blickte er wegen des alten Lederriemchens, das er an Stelle einer Kette benutzte, nur verstohlen nach ihr.

Als Della zu Hause angelangt war, wich ihr Rausch ein wenig der Vorsicht und der Vernunft. Sie holte ihre Brennschere heraus, zündete das Gas an und machte sich ans Werk, die Verheerungen auszubessern.

Nach vierzig Minuten war ihr Kopf dicht mit kleinen Löckchen bedeckt, mit denen sie wundervoll aussah.

Um sieben war der Kaffee gekocht, und die Bratpfanne stand hinten auf der Kochmaschine, heiß und bereit, die Kotelette zu braten.

Della ließ die Uhrkette in ihrer Hand verschwinden und setzte sich auf die Tischkante nahe der Tür, durch die er immer eintrat. Dann hörte sie seinen Schritt auf der Treppe, unten, auf den ersten Stufen und flüsterte »Bitte, lieber Gott, mach, dass er mich noch hübsch findet.«

Die Tür öffnete sich, Jim trat ein. Er blieb an der Tür stehen, seine Augen waren auf Della geheftet, und ein Ausdruck lag in ihnen, den sie nicht zu deuten vermochte. Es war weder Ärger noch Verwunderung, weder Missbilligung noch Abneigung, noch überhaupt eins der Gefühle, auf die sie sich gefasst gemacht hatte. Er starrte sie nur unverwandt an mit diesem eigentümlichen Gesichtsausdruck.

Della rutschte langsam vom Tisch und ging zu ihm. »Jim, Liebster«, rief sie, »sieh mich nicht so an. Ich hab' mein Haar abschneiden lassen und verkauft, weil ich Weihnachten ohne ein Geschenk für dich nicht überlebt hätte. Es wird wieder wachsen – du nimmst es nicht tragisch, nicht wahr? Ich musste es einfach tun. Mein Haar wächst unheimlich schnell. Sag mir fröhliche Weihnachten, Jim, und lass uns glücklich sein. Du ahnst nicht, was für ein hübsches, was für ein schönes, wunderschönes Geschenk ich für dich bekommen habe.«

»Du hast dein Haar abgeschnitten?«, fragte Jim mühsam, als könne er selbst nach schwerster geistiger Arbeit nicht an den Punkt gelangen, diese offenkundige Tatsache zu begreifen. »Ich sag' dir doch, es ist verkauft – verkauft und weg«, sagte Della. »Heute ist Heiligabend. Sei nett zu mir, denn es ist ja für dich weg. Soll ich die Kotelette aufsetzen, Jim?«

Jim erwachte langsam aus seiner Starrheit. Er umarmte seine Della, zog ein Päckchen aus der Manteltasche und warf es auf den Tisch. »Täusch dich nicht über mich, Dell«, sagte er. »Du darfst nicht glauben, dass etwas wie Haare schneiden oder stutzen oder waschen mich dahin bringen könnte, mein Mädchen weniger liebzuhaben. Aber wenn du das Päckchen auspackst, wirst du sehen, warum du mich zuerst eine Weile aus der Fassung gebracht hast.«

Weiße Finger rissen hurtig an der Strippe und am Papier. Und dann ein verzückter Freudenschrei, und dann – ach! Da lagen die Kämme, die Della seit Langem in einem Schaufenster angeschmachtet hatte. Wunderschöne Kämme, echt Schildpatt mit juwelenverzierten Rändern – gerade in der Schattierung, die zu dem schönen, verschwundenen Haar gepasst hätte. Es waren teure Kämme, das wusste sie, und ihr Herz hatte nach ihnen gebettelt und gebarmt, ohne die leiseste Hoffnung, sie je zu besitzen. Und nun waren sie ihr eigen; aber die Flechten, die der ersehnte Schmuck hätte zieren sollen, waren fort. Doch sie presste sie zärtlich an die Brust und war schließlich so weit, dass sie mit schwimmenden Augen und einem Lächeln aufblicken und sagen konnte: »Mein Haar wächst so schnell, Jim!«

Und dann sprang Della auf wie ein gebranntes Kätzchen und rief: »Oh, oh!« Jim hatte ja noch nicht sein schönes Geschenk gesehen. Ungestüm hielt sie es ihm auf der geöffneten Hand entgegen. Das leblose, kostbare Metall schien im Abglanz ihres strahlenden, brennenden Eifers zu blitzen.

»Ist die nicht toll, Jim? Die ganze Stadt hab' ich danach abgejagt. Jetzt musst du hundertmal am Tag nachsehen, wie spät es ist. Gib mir die Uhr. Ich möchte sehen, wie sich die Kette dazu macht.«

Statt zu gehorchen, ließ er sich auf die Chaiselongue fallen, legte die Hände im Nacken zusammen und lächelte.

»Dell«, sagte er, »wir wollen unsere Weihnachtsgeschenke beiseitelegen und eine Weile aufheben. Sie sind zu hübsch, um sie jetzt schon in Gebrauch zu nehmen. Ich habe die Uhr verkauft, um das Geld für die Kämme zu haben. Wie wäre es, wenn du die Kotelette braten würdest?«

FRUST ODER FREUDE

Richtig verstandenes Schenken macht glücklich, das wird inzwischen sogar von der Hirnforschung bestätigt. Wie schade, dass es für viele an Weihnachten zum größten Stressfaktor wird. Jedes Jahr aufs Neue quälen sich Menschen, getrieben von den schier endlosen Wunschzetteln der Kinder, durch überfüllte Läden und Fußgängerzonen. Ein Geschenk für Mutter fehlt auch noch. Ob Onkel Heinrich wohl noch eine Krawatte braucht? Der Geschenkekauf ist in vielen Familien das beherrschende Thema in der Vorweihnachtszeit. Warum tut man sich das überhaupt an?

Der Brauch des Schenkens findet sich in so gut wie allen Kulturen. Gegenseitige Geschenke festigen Beziehungen, im Gehirn werden Glückshormone ausgeschüttet. Bekommt man ein passendes Geschenk, fühlt man sich wahrgenommen und anerkannt. Dafür reichen kleine, aber auf den Beschenkten abgestimmte Aufmerksamkeiten völlig aus.

Neuere Forschungsergebnisse weisen sogar darauf hin, dass zu viele Geschenke auf einmal die Freude des Beschenkten nicht vergrößern, sondern sie im Gegenteil noch verringern, weil dem einzelnen Geschenk dadurch deutlich weniger Wert beigemessen wird. Der ausufernde Hang zum immer Mehr, führt zudem dazu, dass die Ansprüche immer weiter steigen, gerade bei Kindern, die erst lernen müssen, worum es beim Schenken eigentlich geht. So schlägt die Weihnachtsschenkerei schnell um in eine stressige Mischung aus Erwartungen, Verpflichtungen und Enttäuschungen. Angetrieben von der Werbung, die immer neue Wünsche weckt, erfreut der Geschenkewahnsinn dann eher die Wirtschaft als die eigenen Familienmitglieder.

Dabei weiß doch eigentlich jeder, dass auch das größte Geschenk gemeinsame Zeit und eine gute Beziehung nicht ersetzen kann. Wer hinter aufwändigen und womöglich noch unpassenden Geschenken zu verstecken versucht, dass man sich das ganze Jahr über viel zu selten gesehen hat, riskiert, dass das Interesse aneinander irgendwann tatsächlich abstirbt. Geschenke, die von Herzen kommen, sagen mit ganz einfachen Mitteln: »Ich mag dich, ich weiß, was dir wichtig ist und möchte dir eine Freude machen.« Manch einer muss heute erst wieder lernen, dass nicht die schiere Masse oder der materielle Wert ausschlaggebend sind. Und auch, dass nicht jeder Wunsch sofort in Erfüllung gehen muss. Viel schöner ist es doch, wenn man sich immer wieder einmal gegenseitig überrascht und sich ganz leise mitteilt, dass man sich gerne hat.

Die Weisen aus dem Morgenland machen es vor: Sie überhäufen das Jesuskind nicht einfach mit kostbaren Geschenken. Sie haben sich etwas dabei gedacht. Ihre Geschenke zeigen: Wir wissen, wer du bist und was zu dir passt.

Schenken

Schenke groß oder klein,
Aber immer gediegen.
Wenn die Bedachten
Die Gaben wiegen,
Sei dein Gewissen rein.

Schenke herzlich und frei.
Schenke dabei
Was in dir wohnt
An Meinung, Geschmack und Humor,
So dass die eigene Freude zuvor
Dich reichlich belohnt.

Schenke mit Geist ohne List.
Sei eingedenk,
Dass dein Geschenk
Du selber bist.

Joachim Ringelnatz

Zeit verschenken

Was ist ein Diamantring gegen romantische Zweisamkeit am Meer? Warum bekommt Opa einen neuen Mantel, damit er wieder häufiger alleine vor die Tür geht, wenn er sich doch so sehr danach sehnt, dem Enkel die Welt zu zeigen? Kann ein Zimmer voll bunter Stofftiere jemals gegen einen gemeinsamen Zoobesuch ankommen?

Was Groß und Klein heutzutage oft am meisten fehlt, ist gemeinsame Zeit. Warum also nicht einfach mal Zeit verschenken? Für dieses Geschenk gilt allerdings noch mehr als für andere: Schenken Sie nichts, was nicht von Herzen kommt! Am besten Sie vereinbaren gleich einen festen Termin, wenn Sie Ihren hübsch gestalteten Gutschein für die gemeinsame Zeit überreichen – und halten Sie sich dann auch daran. Wenn Sie diese Hürde erst einmal genommen haben, werden Sie staunen, was sich daraus alles ergeben kann. Und wie viele Ideen für weitere Zeitgeschenke Ihnen plötzlich kommen.

Übrigens – Warten lernen

Die Adventszeit ist eine Zeit der Vorfreude und Erwartung. Kinder können in dieser Zeit lernen, dass Wünsche nicht immer alle und vor allem nicht sofort in Erfüllung gehen. Viele vorweihnachtliche Traditionen wie das Schreiben von Wunschzetteln helfen dabei, diese Zeit des Wartens zu gestalten. Außerdem ist da der Adventskranz, der auf den evangelischen Theologen und Erzieher Johann Hinrich Wichern (1808–1881) zurückgehen soll. Wichern soll aus einem Wagenrad einen Kranz mit 20 kleinen und vier großen Kerzen gebaut haben, damit die Kinder das Näherrücken des Festes an den nacheinander entzündeten Kerzen ablesen konnten. Auf unseren heutigen Kränzen aus Tannengrün sind nur noch die vier großen Kerzen übriggeblieben. Das schrittweise Anzünden symbolisiert die nahende Ankunft (Advent) Jesu, in dem man das »Licht der Welt« sieht.

Eine weitere Tradition ist der Adventskalender, der im 19. Jahrhundert aufkam und ursprünglich meist aus 24 Bildchen bestand, die Kindern das Abzählen der verbleibenden Tage erleichterten. Dass sich heute hinter Adventskalendertürchen schon vor Weihnachten immer größere Geschenke verstecken, läuft dem ursprünglichen Sinn allerdings eher zuwider.

ZUM WEITERDENKEN

(Vor-)Lesen: Barbara Wersba. Ein Weihnachtsgeschenk für Walter, Tulipan 2007
Kleine Geschichte über Bücher, Freundschaft und ein ganz besonderes Geschenk. Ein Vorlesebuch nicht nur für Kinder!

Lesen: Rebecca Niazi-Shahabi / Oliver Sperl. Keine Geschenke erhalten die Freundschaft: Die schönsten Präsente von Fototasse bis Salzteigschmuck, Pieper 2014
Tipps, was man lieber nicht schenken sollte ...

Surfen: www.zeit-statt-zeug.de
Zeit verschenken? – Na klar doch! Hier finden Sie erste Ideen.

Engel

Und der Engel des Herrn trat zu ihnen,
und die Klarheit des Herrn leuchtete um sie;
und sie fürchteten sich sehr.
Und der Engel sprach zu ihnen:
Fürchtet euch nicht! Siehe,
ich verkündige euch eine große Freude.

Lukas 2,9f.

ICH VERKÜNDIGE EUCH GROSSE FREUDE

Schillernd in den gleichen Türkis-Tönen wie der Nachthimmel, über den
gerade eine Sternschnuppe ihre leuchtende Bahn zieht, steht eine
weiblich anmutende Engelsgestalt auf einem schneeweißen Felsen.
Der Bildbetrachter sieht nur den Rücken der zarten Figur, deren Kopf ein
rosafarbener Blütenkranz ziert. Weit breitet sie ihre Flügel aus, anmu-
tig hat sie die Arme erhoben, als ob sie die Menschen und Tiere segnet,
die zu ihren Füßen stehen. Der Worpsweder Maler Heinrich Vogeler hat
die Szene aus der Weihnachtsgeschichte in seine Heimat verlegt. Im

Heinrich Vogeler, Verkündigung an die Hirten (1902), Öl auf Leinwand

Hintergrund trifft der Nachthimmel auf ein Gewässer – oder ist es die norddeutsche Moorlandschaft, die sich da bis zum Horizont erstreckt? Davor ein paar Schafe und eine Kuh, die sich mit den fünf Hirten und Hirtinnen bis zum Felsen vorgewagt hat, auf dem der Engel steht.

Ein wunderbar warmes Licht muss von seiner Mitte ausgehen. Es lässt die bäuerlichen Gesichter der Zuhörer aufleuchten. Staunend schauen sie zum Engel hinauf, voller Ehrfurcht hält einer seinen Hut in den Händen.

Getrieben von der Sehnsucht nach besseren Zeiten träumte sich der Künstler in seinen Jugendstilgemälden gerne fort in biblische, märchenhafte und mythologische Welten. In der Weihnachtsgeschichte scheint er das Versprechen auf die Erfüllung seiner Hoffnung gefunden zu haben. Das gebannte Staunen über die Botschaft des Engels spiegelt sich auf den vom mühsamen Leben gezeichneten Gesichtern der Hirten: »Fürchtet euch nicht, siehe, ich verkündige euch große Freude, die allem Volk widerfahren wird; denn euch ist heute der Heiland geboren, welcher ist Christus der Herr.« Einfühlsamer kann man diesen Moment der Verbindung zwischen Himmel und Erde wohl kaum darstellen.

Da saßen sie bei ihren Tieren am nächtlichen Feuer und plötzlich brach der Himmel auf. Warmes Licht erhellt die Nacht. Eine üppige Engelsfigur steigt aus den von Putten belagerten Wolken herab. Neugierig blicken Kühe und Schafe zu ihr hinauf. Die Hirten dagegen scheinen erschrocken. Ängstlich und abwehrend heben sie die Hände.

Der niederländische Barockmaler Benjamin Gerritsz Cuyp (1612–1652) stammte aus einer Dordrechter Künstlerfamilie, erreichte aber nie die malerische Fertigkeit seines Onkels Aelbert Jacobsz Cuyp. Cuyp malte vor allem Bilder zu biblischen Geschichten. Auch er verlegte die Verkündigungsszene in heimatliche Gefilde. Wie so oft, wenn die Bibel von Engelserscheinungen berichtet, gerieten auch die Hirten auf den Feldern von Bethlehem in Furcht, als sich der Himmel auftat. Diesen Moment des Staunens und Schreckens fängt Cuyp in seinem Gemälde ein. Die ärmlich gekleideten Hirten werden plötzlich von himmlischem Goldglanz umstrahlt, der sich auf ihren ausgemergelten Gesichtern widerspiegelt. »Fürchtet euch nicht«, soll der Engel sie beruhigt haben und dann erzählte er ihnen vom Wunder dieser Nacht.

Benjamin Gerritsz Cuyp, Verkündigung an die Hirten, Eremitage St. Petersburg

Die heilige Nacht

(gekürzt)

Es war ein Weihnachtstag, an dem alle, außer Großmutter und mir, zur Kirche gefahren waren. Ich glaube, dass wir im ganzen Hause allein waren. Wir hatten nicht mitfahren können, weil die eine zu jung und die andere zu alt war. Und wir waren beide ganz traurig darüber, dass wir nicht zur Frühmette fahren und die Weihnachtskerzen nicht sehen konnten. Als wir aber so in unserer Einsamkeit dasaßen, begann Großmutter zu erzählen:

»Es war einmal ein Mann, der in die dunkle Nacht hinausging, um sich etwas Feuersglut zu holen. Er ging von Hütte zu Hütte und klopfte an jede Tür, ›Helft mir, Ihr lieben Leute!‹, sagte er. ›Mein Weib ist eben eines Kindleins genesen, und ich muss Feuer anzünden, um sie und das Kindlein zu erwärmen.‹

Aber es war tiefe Nacht, so dass alle Menschen fest schliefen. Niemand antwortete ihm.

Der Mann ging immer weiter. Schließlich gewahrte er in weiter Ferne einen hellen Feuerschein. Er wanderte in dieser Richtung fort und sah, dass das Feuer im Freien brannte. Eine Menge weißer Schafe lagerte schlafend ringsumher, und ein alter Hirt saß daneben und bewachte die Herde.

Als der Mann, der das Feuer holen wollte, die Schafe erreicht hatte, sah er, dass drei große Hunde schlafend zu des Hirten Füßen lagen. Bei seinem Kommen erwachten sie alle drei und sperrten ihre weiten Rachen auf, als ob sie bellen wollten, man vernahm jedoch keinen Laut. Der Mann sah, dass sich die Haare auf ihrem Rücken sträubten, er sah, dass ihre spitzen Zähne im Feuerschein weißleuchtend aufblitzten, und er sah auch, dass sie auf ihn zustürzten. Er fühlte, dass einer ihn ins Bein biss, der zweite nach seiner Hand schnappte und der dritte ihm an die Kehle sprang. Aber die Kinnladen und die Zähne, mit denen die Hunde ihn beißen wollten, gehorchten nicht, und der Mann erlitt nicht den geringsten Schaden.

Nun wollte er vorwärts gehen, um zu holen, was er brauchte. Aber die Schafe lagen Rücken an Rücken so dicht gedrängt, dass er nicht vorwärts kam. Und der Mann schritt über die Rücken der Tiere zum Feuer hin. Aber keines erwachte oder bewegte sich.«

Bis dahin hatte Großmutter ungestört erzählen können, länger jedoch vermochte ich nicht an mich zu halten, ohne sie zu unterbrechen. »Weshalb taten sie es nicht, Großmutter?«, fragte ich. »Das wirst du bald erfahren«, sagte Großmutter und erzählte weiter.

»Als der Mann schon beim Feuer angelangt war, blickte der Hirt auf. Er war ein alter, heftiger Mann, unfreundlich und hart gegen alle Menschen. Als er nun einen Fremden nahen sah, griff er nach einem langen, spitzen Stabe, den er in der Hand zu halten pflegte, wenn er seine Herde weiden ließ, und schleuderte ihn nach dem Manne. Der Stab flog sausend gerade auf ihn zu, aber ehe er ihn treffen konnte, wich er zur Seite und flog an ihm vorbei ins Feld hinaus.«

Als Großmutter so weit gekommen war, unterbrach ich sie nochmals. »Großmutter, warum wollte der Stecken den Mann nicht treffen?« Aber Großmutter kümmerte sich um meine Frage gar nicht, sondern fuhr in ihrer Erzählung fort.

»Nun kam der Mann auf den Hirten zu und sprach zu ihm: ›Lieber, hilf mir und lass mich etwas von deiner Feuersglut nehmen! Mein Weib ist eben eines Kindleins genesen, und ich muss Feuer anzünden, um sie und das Kindlein zu erwärmen.‹

Der Hirt hätte es ihm am liebsten abgeschlagen, aber er dachte daran, dass seine Hunde diesem Manne keinen Schaden hatten zufügen können, dass die Schafe nicht vor ihm davongelaufen waren, und dass sein Stab ihn nicht hatte hinstrecken wollen. Da wurde ihm etwas bänglich zumute, und er wagte nicht, ihm die Bitte abzuschlagen. ›Nimm so viel Du brauchst!‹, sagte er zu dem Manne.

Das Feuer war jedoch fast gänzlich niedergebrannt. Weder Holzscheite noch Zweige waren vorhanden, nur ein großer Gluthaufen lag da, und der Fremde hatte weder Schaufel noch Eimer, um darin die rotglühenden Kohlen heimzutragen.

Als der Hirt dies sah, sprach er abermals: ›Nimm so viel du brauchst!‹ Und er freute sich, dass der Mann nicht imstande sein würde, die Glut mitzunehmen.

Aber der Mann beugte sich nieder, las mit bloßen Händen die glühenden Kohlen aus der Asche und wickelte sie in seinen Mantel. Und die Kohlen versengten ihm weder Hände noch Mantel, und der Mann trug sie davon, als wären es Äpfel und Nüsse.«

Aber hier unterbrach ich die Märchenerzählerin zum dritten Mal. »Großmutter, warum wollten die Kohlen den Mann nicht verbrennen?«

»Das wirst du noch erfahren«, sagte Großmutter und erzählte weiter.

»Als jener Hirt, der ein so böser und heftiger Mensch war, all dies sah, fragte er sich selber verwundert: ›Was kann das für eine Nacht sein, da die Hunde nicht beißen, die Schafe sich nicht fürchten, der Speer nicht tötet und das Feuer nicht versengt?‹ Er rief den Fremden zurück und sprach zu ihm: ›Was ist das für eine Nacht? Und wie kommt es, dass alle Dinge Dir Barmherzigkeit zeigen?‹

Da sprach der Mann: ›Das kann ich dir nicht sagen, wenn du es nicht selber erkennst.‹ Und wollte seines Weges gehen, um bald ein Feuer anzuzünden und sein Weib und Kind erwärmen zu können.

Der Hirt aber dachte, er wolle den Mann nicht ganz aus dem Gesicht verlieren, ehe er erführe, was all dies zu bedeuten habe. Er stand auf und ging ihm nach, bis er dorthin kam, wo der Fremde hauste.

Da sah der Hirt, dass der Mann nicht einmal eine Hütte besaß, um darin zu wohnen, sondern sein Weib und Kind lagen in einer Felsenhöhle, die nur nackte, kalte Steinwände hatte. Und der Hirt dachte, dass das arme unschuldige Kind vielleicht in dieser Höhle erfrieren und sterben würde, und obwohl er ein hartherziger Mann war, rührte ihn dieses Elend, und er sann nach, wie er dem Kinde helfen könnte. Er löste seinen Ranzen von der Schulter und nahm daraus ein weiches, weißes Schaffell, gab es dem fremden Manne und sagte, er solle das Kindlein darauf betten.

Aber sobald er gezeigt hatte, dass auch er barmherzig sein konnte, wurden ihm die Augen geöffnet, und er sah, was er zuvor nicht wahrgenommen hatte, und hörte, was zuvor seinen Ohren verschlossen war:

Er sah, dass er inmitten einer dichten Schar kleiner, silberbeschwingter Engel stand, die einen Kreis um ihn bildeten. Und jedes Englein hielt ein Saitenspiel, und alle sangen mit jubelnder Stimme, dass in dieser Nacht der Heiland geboren sei, der die ganze Welt von ihren Sünden erlösen würde.

Da verstand er, weshalb sogar alle leblosen Dinge in dieser Nacht so froh waren, dass sie niemandem etwas zuleide tun mochten.

Und nicht nur rings um den Hirten waren Engel, überall gewahrte er sie. Sie saßen in der Felsenhöhle, und sie saßen draußen auf den Bergen, auch unter dem Himmel flogen sie hin und her. Sie kamen in großen Scharen auf den Wegen dahergewandelt, und wenn sie vorbeischritten, blieben sie stehen und warfen einen Blick auf das Kindlein in der Höhle.

Jubel und Freude, Sang und Spiel waren allüberall, und der Hirt sah es in der dunkeln Nacht, in der er sonst nichts hatte wahrnehmen können. Voll Freude, dass seine Augen geöffnet waren, sank er auf die Knie und lobte Gott.«

Und als Großmutter so weit gekommen war, seufzte sie und sprach: »Aber was der Hirt sah, das könnten wir auch sehen, denn die Engel fliegen in jeder Weihnachtsnacht unter dem Himmel einher, wenn wir sie nur zu erkennen vermögen.«

Und dann legte Großmutter ihre Hand auf meinen Scheitel und sprach: »Dessen sollst du eingedenk sein, denn es ist so wahr, wie ich dich sehe und du mich siehst. Nicht auf Kerzen und Lampen kommt es an, noch auf Sonne und Mond, sondern was nottut, ist einzig und allein, dass wir die rechten Augen haben, Gottes Herrlichkeit zu sehen.«

GÖTTLICHE BOTEN

An Weihnachten scheinen Engel allgegenwärtig. Goldgelockte Engelsfigürchen zieren Weihnachtsbäume und Grußkarten, schwirren durch die Werbung und umgeben am Heiligen Abend die Weihnachtskrippe. Diese geheimnisvollen Wesen, die in der Folge der Aufklärung lange kaum ernst genommen wurden, erfreuen sich seit einiger Zeit auch im Rest des Jahres wieder wachsender Beliebtheit. Die Mehrzahl der Deutschen glaubt an Engel. Für viele scheint der Engelsglaube eine Art Religionsersatz geworden zu sein.

Gibt man in einer Internetsuchmaschine den Begriff »Engel« ein, stößt man auf eine Flut an Darstellungen von rosa umstrahlten zartgliedrigen Frauengestalten mit wehendem Haar und überdimensionalen Flaumschwingen. In jeder Lebenslage stets zu Diensten – gegen einen kleinen Unkostenbeitrag an ihre irdischen Vertreter, versteht sich. Doch nicht nur Esoterikfreunde machen sich das wiedererwachte Interesse der Menschen an den Engeln zunutze. Auch im christlichen Glauben misst man den Engeln wieder mehr Bedeutung bei.

Der Glaube an Engelwesen, die zwischen den Sphären des Göttlichen und Menschlichen vermitteln, ist fast allen Religionen gemeinsam. Auch in der Bibel kommen die Engel an vielen entscheidenden Stellen vor. Sie warnen die Menschen, helfen ihnen oder beschützen sie. Und vor allem künden sie von Gott.

Ihren verschiedenen Aufgaben entsprechend gab es in alttestamentlicher Zeit noch ganz unterschiedliche Bezeichnungen für diese Wesen. Diese unterschiedlichen Vorstellungen fasst man heute mit dem Wort »Engel« zusammen, das auf das griechische »angelos« zurückgeht und übersetzt »Bote« bedeutet. Damit wird die Hauptaufgabe, ja vielleicht sogar das Wesen der Engel deutlich: Engel sind Mittler zwischen Gott und den Menschen, eigentlich sind sie selbst die Botschaft.

Wie sie wirklich aussehen? Niemand kann es sagen – und es ist auch gar nicht wichtig. Schon in der Bibel erscheinen sie mal als Menschen, mal in Träumen oder auch in Ehrfurcht gebietenden Visionen. In der

Weihnachtsgeschichte sind sie allgegenwärtig. Ein Engel kündigt Maria die Geburt Jesu an. Mehrfach träumt Josef von einem Engel, der ihn auffordert, sich um Maria und das Kind zu kümmern und Mutter und Kind in Sicherheit zu bringen. Den Hirten auf dem Feld erscheint neben dem Hauptboten eine ganze Engelschar, die Gott lobt und den Menschen Frieden wünscht.

Die Wesensbeschreibung der Engel als Boten oder Botschaft macht die Problematik verbreiteter Engelsvorstellungen deutlich. Oft werden Engel personalisiert und zu einer Art kleiner Wunscherfüller erhoben. Solche Vorstellungen widersprechen dem christlichen Glauben. Trotzdem spielen Engel auch hier und heute noch eine wichtige Rolle. Engel lassen sich zwar nicht objektiv nachweisen, aber sie lassen sich erfahren. Sie tauchen immer dort auf, wo etwas Göttliches in unsere scheinbar so geschlossene und erklärbare Lebenswelt hineinwirkt. Wer dem Raum gibt, wird sich wundern, wie oft im ganz normalen Alltag plötzlich ein Engel an einem vorbeistreicht.

Du sollst dich selbst unterbrechen

Zwischen
arbeiten und konsumieren
soll stille sein
und freude,
dem gruß des engels zu lauschen
fürchte dich nicht

Zwischen
aufräumen und vorbereiten
sollst du es in dir singen hören
das alte lied der sehnsucht
maranata komm gott komm

Zwischen
wegschaffen und vorplanen
sollst du dich erinnern
an den ersten schöpfungsmorgen
deinen und aller anfang
als die sonne aufging
ohne zweck
und du nicht berechnet wurdest
in der zeit, die niemandem gehört
außer dem ewigen

Dorothee Sölle

Achtsamkeit

Wer offen werden will für Gottes Botschaften, der sollte erst
einmal Raum schaffen dafür. Achtsamkeit kann eine gute Übung
sein – das ganz bewusste Erleben des Hier und Jetzt, ohne dass die
Gedanken immer schon damit beschäftigt sind, was noch alles auf
der To-do-Liste des Tages steht.
Achtsamkeit ist eine Übung, die ursprünglich vor allem im
Buddhismus praktiziert wurde. Inzwischen haben allerdings auch
westliche Psychologen und Hirnforscher herausgefunden, wie
wohltuend sie wirkt: Achtsamkeit trägt zur Entspannung bei,
macht froh und dankbar und fördert spirituelle Erfahrungen.

Probieren Sie es aus: Schließen Sie die Augen, betrachten Sie etwa
eine Minute Ihre Gedanken und inneren Bilder. Danach spüren Sie
eine halbe Minute lang ganz bewusst Ihrem Atem nach: Wie fühlt
er sich an? Wo fühlen Sie ihn? Sie können die Übung fortsetzen,
indem Sie noch eine Weile abwechselnd beim Einatmen auf Ihre
Gedanken achten und sich beim Ausatmen ganz auf den Atem
konzentrieren.
Im Grunde eignet sich jede Tätigkeit, um Achtsamkeit zu üben:
Etwa das Essen: Konzentrieren Sie sich beim nächsten Weihnachts-
plätzchen ganz genau auf den Geschmack: Läuft ihnen schon
das Wasser im Mund zusammen? Wie fühlt sich der Bissen an?
Was macht Ihre Zunge? Oder der morgendliche Gang zur U-Bahn:
Wie fühlt sich der Wind an, der über ihre Wangen streicht?
Welche Geräusche hören Sie? Wie ist der Gehweg beschaffen?

Weitere Anregungen finden Sie im Netz – Suchen Sie sich aus,
was in Ihren Alltag passt.

Übrigens – Fürchtet euch nicht

Warum eigentlich sagen biblische Engel so oft »Fürchtet euch nicht«? Hatten die Menschen damals Angst vor ihnen? In der Bibel werden Engel nirgends als niedliche Putten oder kleine süße Feengestalten beschrieben – aber auch davon, dass sie unangenehm aussehen, ist nirgends die Rede. Manchmal erkennen die Menschen einen Engel gar nicht gleich, entweder scheint er unsichtbar zu sein, oder man hält ihn für einen Menschen. Sobald sie aber gewahr werden, wen sie da vor sich haben, sind sie meist tief erschüttert – wer wäre das nicht, wenn er plötzlich einen Anruf von Gott erhielte? Fürchtet euch nicht, beruhigen die himmlischen Gestalten die Menschen daher immer wieder, bevor sie ihre Botschaften verkünden.

ZUM WEITERDENKEN

(Vor-)Lesen und Betrachten: Tohby Riddle. Der Engel aus dem Nirgendwo, Gabriel Verlag, 2014
Ein Engel, der vor Erschöpfung zu Stein erstarrt. Zum Glück erkennen Kinder sein wahres Wesen ... Ungewöhnlich bebildert durch Zeichnungen und Collagen – zum Lesen, Schauen und Nachdenken.

Lesen: Herbert Vorgrimler. Engel: Erfahrungen göttlicher Nähe, Herder 2008
Engel mal etwas unsentimentaler – viele Infos, schöne Bilder und Texte.

Hören: Nicolaus Klein. Achtsamkeit, Audio CD, AVITA Media 2013
Übungen zur Achtsamkeit im Alltag.

Gottes Nähe

Ihr werdet finden
das Kind in Windeln gewickelt
und in einer Krippe liegen.

Lukas 2,12

DAS HIMMLISCHE
IM ALLTÄGLICHEN

Ein Gemälde, aufgebaut wie ein Altarwerk mit einer großen Mitteltafel und
zwei Seitenteilen. Die Mitteltafel zeigt
eine Mutter mit ihrem Kind auf einem
Lager sitzend. Andächtig legt sie die
Hände zusammen und blickt auf ihr Kind
herab. Eine Laterne im Vordergrund erleuchtet den ärmlichen Raum nur spär-
lich, ihr Licht bringt aber das Gesicht der
Mutter zum Strahlen und scheint eine

Fritz von Uhde, Die Heilige Nacht (1888/89), Öl auf Leinwand

zarte Gloriole um ihren Kopf zu zaubern – ein Zeichen dafür, dass es sich hier wohl um Maria und das Jesuskind handeln muss. Der karge Raum – ist es ein Stall oder ein verfallenes Bauernhaus? – wirkt verlassen. Erst auf den zweiten Blick entdeckt man auch Josef, der im dämmrigen Hintergrund auf der Treppe sitzt.

Die linke Tafel zeigt eine Gruppe von Hirten, die sich einen Weg durch den dämmrigen Winterwald bahnt. Der Maler Fritz von Uhde lässt das weihnachtliche Geschehen in der Realität der armen Bevölkerung des ausgehenden 19. Jahrhunderts stattfinden. Doch Weihnachten ist mehr, als die alltägliche Geburt eines Kindes in bitterer Armut. Darauf weist nicht nur die Gestaltung des Bildes in Form eines Altars hin, sondern auch die Engelsschar, die sich auf der rechten Bildtafel versammelt hat. In weißen Gewändern sitzen die kindlichen Engel dort im Gebälk des Stalls und singen.

Von konservativen Zeitgenossen wurde Fritz von Uhde damals heftig kritisiert für seine Bilder, in denen er religiöse Themen in den harten Alltag der einfachen Leute einbettete. Seine Bilder, die auf den heutigen Betrachter ziemlich sentimental wirken, wurden damals als Sozialkritik aufgefasst. Man warf Uhde vor, er betreibe einen »Kult des Hässlichen« und beschmutze das Heilige, indem er es mit den normalen Gegebenheiten der Welt auf eine Stufe stelle.

Dabei kann der, der sich darauf einlässt, in diesem Bild viel mehr entdecken als Sentimentalitäten oder Sozialkritik. Zeigt Fritz von Uhde nicht genau das, was dem Lukasevangelium zufolge tatsächlich geschah? Was bedeutet es denn, dass die werdenden Eltern zunächst vergeblich nach einer Unterkunft suchen? Was bedeutet es, dass dieses Kind sein erstes Bettchen ausgerechnet in einer Futterkrippe findet?

Uhde versucht etwas darzustellen, das sich kaum in Worte oder Bilder fassen lässt – das eigentlich Aufrüttelnde an der Weihnachtsbotschaft. In Jesus kommt Gott den Menschen nah. Gott selbst tritt ein in die harte, alltägliche Realität eines normalen Menschenlebens; und nicht als König, sondern als Armer, Hilfsbedürftiger kommt er in die Welt, in den Alltag, mit dem auch heute ein Großteil der Menschen zu kämpfen hat. Mitten in dieser Alltäglichkeit darf man sich sicher sein: Gott kennt die menschlichen Ängste und Sorgen – er hat sie selbst erlebt. Weihnachten erinnert daran, dass Himmel und Erde sich auf wundersame Weise viel näher sind, als man manchmal denkt. Durch die Geburt dieses Kindes hat sich eine Tür geöffnet zwischen den Menschen und Gott.

Schuster Konrad

NACH EINER RUSSISCHEN LEGENDE

An diesem Morgen war Konrad, der Schuster, schon sehr früh aufgestanden, hatte seine Werkstatt aufgeräumt, den Ofen angezündet und den Tisch gedeckt. Heute wollte er nicht arbeiten. Heute erwartete er einen Gast. Den höchsten Gast, den ihr euch nur denken könnt. Er erwartete Gott selber. Denn in der vorigen Nacht hatte Gott ihn im Traum wissen lassen: Morgen werde ich zu dir zu Gast kommen. Nun saß Konrad also in der warmen Stube am Tisch und wartete, und sein Herz war voller Freude. Da hörte er draußen Schritte, und schon klopfte es an der Tür. »Da ist er«, dachte Konrad, sprang auf und riss die Tür auf.

Aber es war nur der Briefträger, der von der Kälte ganz rot und blau gefrorene Finger hatte und sehnsüchtig nach dem heißen Tee auf dem Ofen schielte. Konrad ließ ihn herein, bewirtete ihn mit einer Tasse Tee und ließ ihn sich aufwärmen. »Danke«, sagte der Briefträger, »das hat gut getan.« Und er stapfte wieder in die Kälte hinaus.

Sobald er das Haus verlassen hatte, räumte Konrad schnell die Tassen ab und stellte saubere auf den Tisch. Dann setzte er sich ans Fenster, um seinem Gast entgegenzusehen. Er würde sicher bald kommen.

Es wurde Mittag, aber von Gott war nichts zu sehen.

Plötzlich erblickte er einen kleinen Jungen, und als er genauer hinsah, bemerkte er, dass dem Kleinen die Tränen über die Wangen liefen.

Konrad rief ihn zu sich und erfuhr, dass er seine Mutter im Gedränge der Stadt verloren hatte und nun nicht mehr nach Hause finden konnte. Konrad legte einen Zettel auf den Tisch, auf den er schrieb: Bitte, warte auf mich. Ich bin gleich zurück! Er ließ seine Tür unverschlossen, nahm den Jungen an der Hand und brachte ihn nach Hause.

Aber der Weg war weiter gewesen, als er gedacht hatte, und so kam er erst heim, als es schon dunkelte. Er erschrak fast, als er sah, dass jemand in seinem Zimmer am Fenster stand. Aber dann tat sein Herz einen Sprung vor Freude. Nun war Gott doch zu ihm gekommen.

Im nächsten Augenblick erkannte er die Frau, die oben bei ihm im gleichen Hause wohnte. Sie sah müde und traurig aus. Und er erfuhr, dass sie drei Nächte lang nicht mehr geschlafen hatte, weil ihr kleiner Sohn Petja so krank war, dass sie sich keinen Rat mehr wusste. Er lag so still da, und das Fieber stieg, und er erkannte die Mutter nicht mehr. Die Frau tat Konrad leid. Sie war ganz allein mit dem Jungen, seit ihr Mann verunglückt war.

Und so ging er mit. Gemeinsam wickelten sie Petja in feuchte Tücher. Konrad saß am Bett des kranken Kindes, während die Frau ein wenig ruhte.

Als er endlich wieder in seine Stube zurückkehrte, war es weit nach Mitternacht. Müde und über alle Maßen enttäuscht legte sich Konrad schlafen. Der Tag war vorüber. Gott war nicht gekommen.

Plötzlich hörte er eine Stimme. Es war Gottes Stimme. »Danke«, sagte die Stimme, »danke, dass ich mich bei dir aufwärmen durfte – danke, dass du mir den Weg nach Hause zeigtest – danke für deinen Trost und deine Hilfe – Ich danke dir, Konrad, dass ich heute dein Gast sein durfte.«

IN EINER KRIPPE LIEGEND

Was wäre, wenn alles ganz anders gelaufen wäre, irgendwie prunk-voller, wie es dem Sohn Gottes doch wohl würdig ist? Wenn das Kind in einem Palast geboren worden wäre, wohlbehütet und abgeschirmt von jeglicher Störung durch irgendwelche dahergelaufenen Hirten – weich gebettet in eine kleine Wiege und mit glänzender Aussicht auf eine sorgenfreie Zukunft?

Irgendwie fühlt man sich bei dieser Vorstellung schmerzlich seines Weihnachtskrippenidylls beraubt. Doch warum eigentlich? Palastge-schichten sind doch auch ganz nett – und außerdem: Schon zu Jesu Zeiten erwartete man, dass der ersehnte Retter als Königssohn geboren wurde, nicht wie ein Obdachloser bei den Schafen im Stall. Was also ist es, was an der Vorstellung vom Jesuskind im Palast solches Unbehagen auslöst? Es muss mehr sein als die schöne Mutter-Vater-Kind-Szene bei Feuerschein, die fehlen würde, wenn dieses Kind auf weiche Kissen statt auf Stroh gebettet worden wäre.

Die Erzählung von der Geburt im Stall stellt gleich zu Beginn die Erwartungen der Menschen auf den Kopf. Da wird ein Kind geboren, ganz so, wie jeden Tag Kinder geboren werden. Die Eltern haben keine tolle Unterkunft gefunden – auch das kommt vor. Doch dann sind da plötzlich Engel, und einfache Hirten sind überzeugt, das Neugeborene sei der Heiland. So wird gleich zu Beginn klar, was Jesu Wesen ausmacht: Er ist Gottes Sohn – zugleich aber auch ein ganz normaler Mensch. Als Königssohn aufzuwachsen wäre leicht gewesen – Jesus verzichtet von Geburt an auf derartige Privilegien, er umgeht menschliche Sorgen und Nöte nicht, sondern erlebt sie am eigenen Leib. Gott selbst wird in seinem Sohn verletzlich und sterblich wie jeder Mensch.

Das klingt ja schön, aber wozu soll das gut sein, mag man da nun fragen. »Gottes Sohn wurde Mensch, damit der Mensch Heimat habe in Gott«, antwortete die Mystikerin Hildegard von Bingen einst. Gott liebt die Menschen so sehr, dass er die Kluft zwischen ihnen und sich über-brücken wollte. Weil er in Jesus selbst durch und durch Mensch wurde, können wir sicher sein, dass er alle Höhen und Tiefen des menschlichen Lebens kennt. Er ist kein der Welt enthobener, ferner Gott, der für sich allein im Himmel thront, sondern einer, der die Menschen so sehr liebt, dass er ihnen ganz nah sein möchte. Er fühlt mit, wenn Menschen leiden oder sich freuen, er ist da, wo Menschen in Not sind und wo sie einander helfen.

Dieses Wunder ist es, das hinter dem Kind in der Krippe aufscheint.

Die Heilige Nacht

So war der Herr Jesus geboren
im Stall bei der kalten Nacht.
Die Armen, die haben gefroren,
den Reichen war's warm gemacht.
Sein Vater ist Schreiner gewesen,
die Mutter war eine Magd,
Sie haben kein Geld besessen,
sie haben sich wohl geplagt.
Kein Wirt hat ins Haus sie genommen;
sie waren von Herzen froh,
dass sie noch in Stall sind gekommen.
Sie legten das Kind auf Stroh.
Die Engel, die haben gesungen,
dass wohl ein Wunder geschehn.
Da kamen die Hirten gesprungen
und haben es angesehn.
Die Hirten, die will es erbarmen,
wie elend das Kindlein sei.
Es ist eine G'schicht für die Armen,
kein Reicher war nicht dabei.

Ludwig Thoma

Beten

Das Beten ist ein Weg, sich Gottes Nähe bewusst zu werden und mit den eigenen Freuden und Sorgen vor ihn zu treten. Wer beten kann, empfindet das meist als etwas sehr Schönes. Dennoch gerät das Beten im Alltag immer mehr in Vergessenheit.

Versuchen Sie es doch mal wieder:

· Zum Beispiel mit einem regelmäßigen Morgen- oder Abendgebet oder kleinen Dankgebeten vor dem Essen.
· Atmen Sie einmal tief durch, bevor Sie beginnen. Auch das Falten der Hände und das Bekreuzigen helfen, sich auf das Gebet einzustimmen.
· Wer keine eigenen Worte findet, findet vielleicht in den Psalmen oder in Liedern passende Zeilen – und natürlich ist da ja auch das Vaterunser.
· Beten braucht übrigens gar nicht unbedingt Worte. Man kann auch schweigend beten – Gott weiß, was einen gerade beschäftigt.

Übrigens – Gottes Sohn oder Gott selbst?

Irgendwie ganz schön verwirrend, was man in den Texten und Liedern über Jesus hört. Mal wird von ihm als Gottes Sohn gesprochen und dann wieder heißt es, er sei Gott selbst. Wie soll man denn da durchblicken?

Für die ersten Christen stand schon früh fest: Jesus ist Gottes Sohn. Dem Evangelisten Johannes zufolge hat Jesus sogar selbst einmal erklärt: »Wenn ihr mich erkannt habt, so werdet ihr auch meinen Vater erkennen. Und von nun an kennt ihr ihn und habt ihn gesehen« (Johannes 14,7).

Hinter der Überzeugung, dass Jesus Gott ist, steckt die Lehre von der Dreieinigkeit Gottes. Sie besagt, dass der eine Gott, der die Welt geschaffen hat, sich den Menschen auch durch Jesus und durch den Heiligen Geist zeigt. Diese Lehre hat sich erst später entwickelt als die Vorstellung von Jesus als Gottes Sohn. Die Lehre beruht auf komplizierten theologischen Überlegungen. Zum Beispiel auf der, das Jesus gar keine so weitreichenden Aussagen über Gott hätte machen können, wenn er ein normales Geschöpf Gottes gewesen wäre und nicht Gott selbst.

Ob man solche Gedankengebäude logisch nachvollziehen kann oder nicht, ist für das Verständnis der Weihnachtsgeschichte aber gar nicht so entscheidend. All diese Aussagen wollen eines deutlich machen: Durch Jesus ist Gott den Menschen nahegekommen und hat ihnen seine Liebe geschenkt, die über die Grenzen des Irdischen hinausreicht.

Hören: Frank McCourt. Wo ist das Christkind geblieben?
Eine Weihnachtsgeschichte, Audio-CD,
Random House Audio 2012
Eine kleine Geschichte über Mitgefühl.
Wie nah die Einfälle eines Kindes dem Wesen
der Dinge manchmal kommen ...

Lesen: Hildegund Keul. Weihnachten – Das Wagnis
der Verwundbarkeit, Patmos 2013
Ein inspirierender Zugang zum Verständnis
der Weihnachtsgeschichte, verständlich geschrieben
von einer katholischen Theologin.

Beten: Jörg Zink. Wie wir beten können, Kreuz Verlag 2015
Schöne Texte, die viel Freiraum für eigene Gedanken lassen,
bieten Gelegenheit zum (Wieder-)Entdecken des Betens.

Geertgen tot Sint Jans, Geburt Christi (15. Jh.), Öl auf Holz

$\mathcal{A}$usklang –
Das Wesen der Weihnacht

Als sie es aber gesehen hatten,
breiteten sie das Wort aus,
das zu ihnen von diesem Kinde gesagt war.
Maria aber behielt alle diese Worte
und bewegte sie in ihrem Herzen.

Lukas 2,17.19

GEBURT DES LICHTS

Eine fast meditative Ruhe geht aus von diesem Bild und zieht den Betrachter in ihren Bann. Da liegt es, das Kind wie aus Licht, nackt, so klein und verletzlich, und zugleich so strahlend, dass es auch die Gesichter der Umstehenden zum Leuchten bringt. Maria, die Hände andächtig zusammengelegt, beugt sich über die Krippe mit sanftem Blick; voller Demut scheint sie das Wunder in sich aufzunehmen, das in diesem Kind aufscheint. Fast möchte man selbst näher herantreten und es ihr gleichtun. Das Licht in sich aufnehmen, spüren, wie alle Gedanken davongetragen werden und nur noch ein Gefühl übrigbleibt für das, was sich hinter dieser Geburt tatsächlich verbirgt.

Auch Josef hinten rechts in der Ecke des verfallenen Raumes ist tief bewegt von diesem Augenblick. Seine Rechte hat er aufs Herz gelegt als wolle er die leuchtende Stille der Szene darin aufnehmen. Und selbst Ochs und Esel scheinen ergriffen.

Links der Krippe stehen die himmlischen Boten. Sie betrachten das strahlende Kind voll bedächtiger Neugier.

Die verfallene Wand des Stalls gibt den Blick frei auf das, was sich draußen abspielt. Schemenhaft erkennt man Hirten mit ihrer Herde. Sie haben ein Feuer angezündet, um sich zu wärmen und Licht zu haben in der kalten, dunklen Nacht. Doch der Feuerschein ist nichts gegen das Strahlen des Engels, der dort vom Himmel schwebt und den Hügel, auf dem die Hirten lagern, in mattes Licht taucht. Ehrfürchtig sinken die Hirten auf die Knie und heben die Hände zum Himmel, während sie der Botschaft des Engels lauschen.

In dieser Nacht durchbrach göttliches Licht alles Dunkel auf Erden. In der Krippe dort im Stall, aber auch draußen im harten Alltag der Menschen. Der niederländische Maler Geertgen tot Sint Jans war der erste Künstler, der Jesu Versprechen »Ich bin das Licht der Welt« so ernst nahm, dass er das Jesuskind in der Krippe selbst zur Lichtquelle werden ließ. Ganz unaufgeregt, ohne Goldverzierungen und Heiligenscheine, lässt er die Szene einfach aus sich heraus wirken.

Mit dieser Geburt beginnt der Weg Jesu, der am Kreuz enden wird. Nicht als Held, sondern als hilfloses Kind ist er auf die Welt gekommen und liegt in einer ärmlichen Hütte bedürftig im Stroh. Gott weiß, was Menschsein bedeutet, von der Geburt bis zum Tod, mit aller Freude und allem Leid. Und trotzdem – oder gerade deswegen – scheint in seiner Geburt etwas von dem auf, was hinter allem steht und einst alles durchdringen wird. So einfach ist die Botschaft dieses Festes. Eigentlich verträgt sie nur demütiges Staunen – und vielleicht ein Lied:

Ich steh an deiner Krippen hier

T: Paul Gerhardt/M: Johann Sebastian Bach

2. Da ich noch nicht geboren war,
da bist du mir geboren
und hast mich dir zu eigen gar,
eh ich dich kannt, erkoren.
Eh ich durch deine Hand gemacht,
da hast du schon bei dir bedacht,
wie du mein wolltest werden.

3. Ich lag in tiefer Todesnacht,
du warest meine Sonne,
die Sonne, die mir zugebracht
Licht, Leben, Freud und Wonne.
O Sonne, die das werte Licht
des Glaubens in mir zugericht',
wie schön sind deine Strahlen!

4. Ich sehe dich mit Freuden an
und kann mich nicht satt sehen;
und weil ich nun nichts weiter kann,
bleib ich anbetend stehen.
O dass mein Sinn ein Abgrund wär
und meine Seel ein weites Meer,
dass ich dich möchte fassen!

5. Wann oft mein Herz im Leibe weint
und keinen Trost kann finden,
rufst du mir zu: »Ich bin dein Freund,
ein Tilger deiner Sünden.
Was trauerst du, o Bruder mein?
Du sollst ja guter Dinge sein,
ich zahle deine Schulden.«

6. O dass doch so ein lieber Stern
soll in der Krippen liegen!
Für edle Kinder großer Herrn
gehören güldne Wiegen.
Ach Heu und Stroh ist viel zu schlecht,
Samt, Seide, Purpur wären recht,
dies Kindlein drauf zu legen!

7. Nehmt weg das Stroh, nehmt weg das Heu,
ich will mir Blumen holen,
dass meines Heilands Lager sei
auf lieblichen Violen;
mit Rosen, Nelken, Rosmarin
aus schönen Gärten will ich ihn
von oben her bestreuen.

8. Du fragest nicht nach Lust der Welt
noch nach des Leibes Freuden;
du hast dich bei uns eingestellt,
an unsrer statt zu leiden,
suchst meiner Seele Herrlichkeit
durch Elend und Armseligkeit;
das will ich dir nicht wehren.

9. Eins aber, hoff ich, wirst du mir,
mein Heiland, nicht versagen:
dass ich dich möge für und für
in, bei und an mir tragen.
So lass mich doch dein Kripplein sein;
komm, komm und lege bei mir ein
dich und all deine Freuden.

Das Wichtigste an Weihnachten

Die Tiere diskutierten einmal über Weihnachten. Sie stritten, was wohl die Hauptsache an Weihnachten sei.

»Na, klar, der Gänsebraten«, sagte der Fuchs, »was wäre Weihnachten ohne Gänsebraten?!«

»Schnee«, sagte der Eisbär, »viel Schnee!« und er schwärmte verzückt: »Weiße Weihnachten!«

Das Reh sagte: »Ich brauche einen Tannenbaum, sonst kann ich nicht Weihnachten feiern.«

»Aber nicht so viele Kerzen«, heulte die Eule, »schön schummrig und gemütlich muss es sein. Stimmung, das ist die Hauptsache.«

»Aber mein neues Kleid muss man sehen können«, sagte der Pfau. »Wenn ich kein neues Kleid kriege, ist für mich kein Weihnachten.«

»Und Schmuck«, krächzte die Elster. »An jedem Weihnachtsfest will ich was haben. Einen Ring, ein Armband, eine Kette, eine Brosche; das ist für mich das Allerschönste an Weihnachten.«

»Macht es wie ich«, sagte der Dachs. »Schlafen, schlafen, das ist das Wahre. Weihnachten heißt für mich: Mal richtig ausschlafen!«

»Und saufen«, ergänzte der Ochse; »mal richtig saufen und dann schlafen.«

Aber dann schrie er auf: »Aua!« Der Esel hatte ihm einen gewaltigen Tritt versetzt.

»Du Ochse. Denkst du denn gar nicht an das Kind?«

Da senkte der Ochse beschämt den Kopf und sagte: »Das Kind – ach, ja, das Kind, das ist ja eigentlich die Hauptsache!«

»Übrigens«, fragte er dann den Esel, »wissen das die Menschen eigentlich auch?«

GEDANKEN ZUM WESEN DER WEIHNACHT

Wir feiern Weihnachten, auf dass diese Geburt
auch in uns Menschen geschieht. Wenn sie aber
nicht in mir geschieht, was hilft sie mir dann?
Gerade, dass sie auch in mir geschehe, darin liegt alles.

Meister Eckhart

Ich werde Weihnachten
in meinem Herzen ehren
und versuchen,
es das ganze Jahr hindurch aufzuheben.

Charles Dickens

Gott wird ein Mensch,
damit die Menschen
Gotteskinder werden können.

Edith Stein

Komm', schau her Jungfrau Kind,
dann siehst du in der Wiegen
den Himmel und die Erd'
und hundert Welten liegen.

Angelus Silesius

Die Geburt Jesu in Bethlehem
ist keine einmalige Geschichte,
sondern ein Geschenk, das ewig bleibt.

Martin Luther

Hier ist Platz für Ihre eigenen Gedanken

Die Weihnachtsgeschichte

Lukas 2,1–19

Es begab sich aber zu der Zeit, dass ein Gebot von dem Kaiser Augustus ausging, dass alle Welt geschätzt würde. Und diese Schätzung war die allererste und geschah zur Zeit, da Quirinius Statthalter in Syrien war. Und jedermann ging, dass er sich schätzen ließe, ein jeder in seine Stadt.

Da machte sich auf auch Josef aus Galiläa, aus der Stadt Nazareth, in das jüdische Land zur Stadt Davids, die da heißt Bethlehem, weil er aus dem Hause und Geschlechte Davids war, damit er sich schätzen ließe mit Maria, seinem vertrauten Weibe; die war schwanger. Und als sie dort waren, kam die Zeit, dass sie gebären sollte. Und sie gebar ihren ersten Sohn und wickelte ihn in Windeln und legte ihn in eine Krippe; denn sie hatten sonst keinen Raum in der Herberge.

Und es waren Hirten in derselben Gegend auf dem Felde bei den Hürden, die hüteten des Nachts ihre Herde. Und der Engel des Herrn trat zu ihnen, und die Klarheit des Herrn leuchtete um sie; und sie fürchteten sich sehr. Und der Engel sprach zu ihnen: Fürchtet euch nicht! Siehe, ich verkündige euch große Freude, die allem Volk widerfahren wird; denn euch ist heute der Heiland geboren, welcher ist Christus, der Herr, in der Stadt Davids. Und das habt zum Zeichen: Ihr werdet finden das Kind in Windeln gewickelt und in einer Krippe liegen. Und alsbald war da bei dem Engel die Menge der himmlischen Heerscharen, die lobten Gott und sprachen: Ehre sei Gott in der Höhe und Friede auf Erden bei den Menschen seines Wohlgefallens.

Und als die Engel von ihnen gen Himmel fuhren, sprachen die Hirten untereinander: Lasst uns nun gehen nach Bethlehem und die Geschichte sehen, die da geschehen ist, die uns der Herr kundgetan hat. Und sie kamen eilend und fanden beide, Maria und Josef, dazu das Kind in der Krippe liegen. Als sie es aber gesehen hatten, breiteten sie das Wort aus, das zu ihnen von diesem Kinde gesagt war. Und alle, vor die es kam, wunderten sich über das, was ihnen die Hirten gesagt hatten. Maria aber behielt alle diese Worte und bewegte sie in ihrem Herzen.

Bildnachweis

© akg-images: S. 8, 15, 39, 50, 89, 98, 110, 123, 137, 146,
© Germanisches Nationalmuseum Nürnberg: S. 73
© Hirschsprung Sammlung Kopenhagen: S. 63
© Nolde Stiftung Seebüll: S. 27
© Pfarrkirche St. Johann Aachen-Burtscheid: S. 85
© Staatliche Eremitage St. Petersburg (Inv. no. GE-3000): S. 125

Textnachweis

S. 17ff. Licht kann man verschenken
© Maria Rößler

S. 30 ff. Die drei dunklen Könige
Wolfgang Borchert, aus: Wolfgang Borchert: Das Gesamtwerk. Mit einem biographischen
Nachwort von Bernhard Meyer-Marwitz, © Rowohlt Verlag GmbH, Berlin 1949

S. 34 geburt
Kurt Marti, aus: Kurt Marti: geduld und revolte, © Radius-Verlag GmbH, Stuttgart 1984

S. 46f. Feiertage
Hanns Dieter Hüsch, aus: Hanns Dieter Hüsch: Die Bescherung, © tvd-Verlag Düsseldorf, 2001

S. 54ff. Lüttenweihnachten
Hans Fallada aus: Hans Fallada: Ausgewählte Werke in Einzelausgaben. Herausgegeben von
Günter Caspar. Mit Bildern von Willi Glasauer © Aufbau Verlag GmbH & Co. KG, Berlin 1985/2005
Für unsere Zwecke wird der Text hier stark verkürzt abgedruckt.

S. 75ff. Die Geschichte von der Weihnachtsgans
Margret Rettich, aus: Margret Rettich: Wirklich wahre Weihnachtsgeschichten,
Betz, München 1976; Neuausgabe: © Ueberreuter, Wien 2001

S. 88ff. Der Weihnachtsmann in der Lumpenkiste
Erwin Strittmatter, aus: Erwin Strittmatter: 3/4 hundert Kleingeschichten.
Mit Bildern von Klaus Ensikat © Aufbau Verlag GmbH & Co. KG, Berlin 1971/2001

S. 101ff. Die Legende von den singenden Mönchen
Helene Haluschka, aus: Weihnachtsgeschichten und Gedichte aus Österreich
© Verlag Ennsthaler GmbH & Co. KG, Steyr 2012

S. 132 Du sollst dich selbst unterbrechen
Dorothee Sölle, © Wolfgang Fietkau Verlag, Kleinmachnow

S. 139ff. Schuster Konrad
Nach der russischen Legende »Wo die Liebe wohnt, da ist Gott« von Leo Tolstoi, aus: Behnke,
Bruns/Lorentz, Ludwig: Kinder feiern mit, © Bernward Verlag 1982

S. 152 Das Wichtigste an Weihnachten
Johannes Hildebrandt, © SCM-Verlag GmbH & Co. KG, Witten 2012